LQR

Lingua Quintae Respublicae

CHEZ LE MÊME ÉDITEUR

– Pierre Bourdieu, *Sur la télévision*, suivi de *L'emprise du journalisme*, 1996

– ARESER (Association de réflexion sur les enseignements supérieurs et la recherche), *Diagnostics et remèdes urgents pour une université en péril*, 1997

– Julien Duval, Christophe Gaubert, Frédéric Lebaron, Dominique Marchetti, Fabienne Pavis, *Le « décembre » des intellectuels français*, 1998

– Pierre Bourdieu, *Contre-feux. Propos pour servir à la résistance contre l'invasion néo-libérale*, 1998

– Keith Dixon, *Les évangélistes du marché*, 1998

– Jacques Bouveresse, *Prodiges et vertiges de l'analogie*, 1999

– Loïc Wacquant, *Les prisons de la misère*, 1999

– Keith Dixon, *Un digne héritier*, 2000

– Frédéric Lordon, *Fonds de pension, piège à cons ? Mirage de la démocratie actionnariale*, 2000

– Laurent Cordonnier, *Pas de pitié pour les gueux. Sur les théories économiques du chômage*, 2000

– Pierre Bourdieu, *Contre-feux 2. Pour un mouvement social européen*, 2001

– Rick Fantasia et Kim Voss, *Des syndicats domestiqués. Répression patronale et résistance syndicale aux États-Unis*, 2003

– Frédéric Lordon, *Et la vertu sauvera le monde... Après la débâcle financière, le salut par l'« éthique » ?*, 2003

– Christian de Montlibert, *Savoir à vendre. L'enseignement supérieur et la recherche en danger*, 2004

– Pierre Tévanian, *Le voile médiatique. Un faux débat : « l'affaire du foulard islamique »*, 2005

– Serge Halimi, *Les nouveaux chiens de garde* (1997), nouvelle version actualisée et augmentée, 2005

– Pierre Rimbert, Libération *de Sartre à Rothschild*, 2005

ERIC HAZAN

LQR

La propagande du quotidien

RAISONS D'AGIR ÉDITIONS

Éditions RAISONS D'AGIR
27, rue Jacob, 75006 Paris

editions@raisonsdagir-editions.org

Il s'agit de faire le tableau d'une sourde oppression que toutes les sphères sociales exercent les unes sur les autres, d'une maussaderie générale mais inerte, d'une étroitesse d'esprit faite d'acceptation et de méconnaissance, le tout bien encadré par un système de gouvernement qui, vivant de la conservation de toutes les vilenies, n'est lui-même que la vilenie au gouvernement.

Karl Marx, *Introduction à la Critique de la philosophie du droit de Hegel*

Et faites vite. Je perds mon temps à écouter vos conneries.

Jean Genet, *Le Balcon*

1

Naissance d'une langue

De 1933 à 1945, Victor Klemperer, professeur juif chassé de l'université de Dresde, tient un journal où il décrit la naissance et le développement d'une langue nouvelle, celle de l'Allemagne national-socialiste. Sauvé de l'extermination par son mariage avec une « aryenne » (et *in extremis* par le bombardement de Dresde), il publie son texte en 1947 sous le titre *LTI – Notizbuch Eines Philologen*, où LTI sont les initiales de *Lingua Tertii Imperii*, la langue du IIIe Reich[1].

Malgré les circonstances de sa rédaction, on ne trouve dans ce livre aucun pathos. Klemperer se voit comme un représentant de la véritable Allemagne dont le nazisme n'est qu'un travestissement temporaire, et cette distanciation lui permet de mener presque calmement un travail scientifique au milieu même des persécutions. « L'effet le plus puissant [de la propagande nazie], note-t-il, ne fut pas produit par des discours isolés, ni par des articles ou des tracts, ni par des affiches ou des drapeaux, il ne fut obtenu par rien de ce qu'on était forcé d'enregistrer par la pensée ou la perception. Le nazisme s'insinua dans la chair et le sang du grand nombre à travers des expressions isolées, des tournures, des formes syntaxiques qui s'imposaient à des

1 – En français, *LTI, la langue du IIIe Reich, carnets d'un philologue*, traduit par Élisabeth Guillot, présenté par Sonia Combe et Alain Brossat, Paris, Albin Michel, 1996.

millions d'exemplaires et qui furent adoptées de façon mécanique et inconsciente. » Pour Klemperer, le IIIe Reich n'a forgé que très peu de mots, mais il a « changé la valeur des mots et leur fréquence [...], assujetti la langue à son terrible système, gagné avec la langue son moyen de propagande le plus puissant, le plus public et le plus secret[1] ».

Autre temps, autre langue, mais elle aussi adoptée « de façon mécanique et inconsciente » : celle de la Ve République, que j'appellerai *Lingua Quintae Respublicae* (LQR) en hommage à Klemperer. Elle est apparue au cours des années 1960, lors de cette brutale modernisation du capitalisme français traditionnel que fut le gaullo-pompidolisme. Ses « expressions isolées, ses tournures, ses formes syntaxiques », sans cesse reprises par la chaîne unique de télévision, les radios et les journaux – ensemble qu'on n'appelait pas encore les médias, pluriel latin alors peu employé et qui s'écrivait *media* –, modifièrent en profondeur une langue publique d'un archaïsme aujourd'hui frappant, mélange d'une rhétorique héritée de la IIIe République et du style héroïque de la Résistance. Mais c'est seulement une trentaine d'années plus tard que la LQR a atteint son plein développement, devenant au cours des années 1990 l'idiome du néolibéralisme, dernier en date des avatars du capitalisme[2].

1 – *Ibid.*, pp. 38-39.

2 – « Néolibéralisme » est un terme qui a plusieurs sens. Dans son cours de 1978, Michel Foucault l'appliquait à la politique économique de l'Allemagne d'après 1945 et à la réaction américaine contre le New Deal un peu plus tard (*Naissance de la biopolitique, Cours au Collège de France, 1978-1979*, Paris, Hautes Études-Gallimard-Seuil, 2004). Il est plus habituel de désigner sous ce nom la version actuelle du capitalisme, caractérisée par la déréglementation des marchés financiers et la liberté de mouvement des capitaux, la rentabilité du capital étant désormais mieux assurée par la spéculation que par l'investissement industriel.

N'étant ni linguiste ni philologue, je n'ai pas tenté de mener une étude scientifique de la LQR dans sa forme du XXIe siècle. Mais, le travail d'éditeur m'ayant fait entrer par la petite porte dans le domaine des mots, j'ai relevé dans ce que je lisais et entendais ici et là certaines expressions marquantes de la langue publique actuelle. Il était tentant d'en faire un lexique, mais le caractère hétéroclite du matériel et mes propres lacunes m'ont fait abandonner ce projet. À défaut, dans une démarche qui tient pour beaucoup de l'association d'idées, j'ai classé ces mots, ces tournures, ces procédés en fonction de leur emploi dans la propagande médiatique, politique et économique actuelle. Le terme de propagande évoque évidemment le souvenir de l'excellent Dr Goebbels qui en avait la charge sous le IIIe Reich, et l'on pourra arguer que ce rapprochement implicite est quelque peu aventureux. Il est vrai que la LTI, création des services dirigés par Goebbels, était étroitement contrôlée par les organes de sécurité nazis alors que la LQR évolue sous l'effet d'une sorte de darwinisme sémantique : les mots et les formules les plus efficaces prolifèrent et prennent la place des énoncés moins *performants*[1]. La langue du IIIe Reich disait de la façon la plus « vulgaire » possible le racisme le plus sauvage[2] ; la LQR cherche à donner un vernis de respectabilité au

1 – *Performant* est un mot LQR type. Par exemple, la technologie franco-britannique de lutte contre les clandestins utilise désormais « la détection électronique dans les camions par repérage des émanations de gaz carbonique par la respiration, et tout récemment la mise en place du "heart beat detector", *plus performant*, qui permet de repérer les battements du cœur » (*Le Figaro*, 16 novembre 2004. Souligné par moi).

2 – Joseph Goebbels dans *Kampf um Berlin*, Munich, Eher Verlag, 1932 (trad. fr. Éditions Saint-Just, 1966) : « Nous parlons la langue du peuple [...] il faut utiliser son langage, parler sa propre langue » (cité par Jean-Pierre Faye, in *Le Langage meurtrier*, Paris, Hermann, 1996).

racisme ordinaire. La LTI visait à galvaniser, à fanatiser ; la LQR s'emploie à assurer l'apathie, à prêcher le multi-tout-ce-qu'on-voudra du moment que l'ordre libéral n'est pas menacé. C'est une arme postmoderne, bien adaptée aux conditions « démocratiques » où il ne s'agit plus de l'emporter dans la guerre civile mais d'escamoter le conflit, de le rendre invisible et inaudible. Et comme un prestidigitateur qui conclurait son numéro en disparaissant dans son propre chapeau, la LQR réussit à se répandre sans que personne ou presque ne semble en remarquer les progrès – sans même parler de les dénoncer. Ce qui suit est une tentative pour identifier et décrypter cette nouvelle version de la banalité du mal.

La LQR n'est pas née d'une décision prise en haut lieu, pas plus qu'elle n'est l'aboutissement d'un complot. Elle est à la fois l'émanation du néolibéralisme et son instrument. Plus précisément, elle résulte de l'influence croissante, à partir des années 1960, de deux groupes aujourd'hui omniprésents parmi les *décideurs* de la constellation libérale, les économistes et les publicitaires.

Je me souviens de Giscard, jeune ministre des Finances de Pompidou et génie autoproclamé de l'économie, faisant à la télévision des démonstrations au tableau. Ses intonations aristocratico-auvergnates ont beaucoup fait pour répandre le mot *problème* – qu'il prononçait *problaîme*. Auparavant, on parlait plutôt de « question » (la question d'Orient, la question sociale...). La substitution n'était évidemment pas neutre. À une question, les *réponses* possibles sont souvent multiples et contradictoires alors qu'un problème, surtout posé en termes chiffrés, n'admet en général qu'une *solution* et une seule. La démonstration, toujours présentée comme objective, obéit à des règles déterminées par des spécialistes. Passer de la question au problème, c'était donc ouvrir grand la porte aux *experts* qui n'ont fait que proliférer depuis, en France, dans l'Europe de Bruxelles et dans le monde entier. Les affaires de la collectivité sont *segmentées* en séries de problèmes techniques. Pour chacun d'eux, les spécialistes déterminent une solution *optimale* qui sera évidemment adoptée, parfois après un débat de pure forme, parlementaire ou autre. Si les experts estiment que les *contraintes extérieures* – importante expression de la LQR, à la fois vague et impérieuse – s'opposent à telle option, il n'y a guère qu'à s'incliner. Ce rôle dominant a sa traduction sémantique sous la forme d'un anglicisme rampant : le remplacement de la bonne vieille *expérience*, celle de Kant et de Lavoisier, par l'*expertise*. Ainsi apprend-on que les « commissions de spécialistes » de l'école de journalisme de Sciences-Po ont élu comme professeurs associés des personnalités médiatiques qui, d'après l'AFP, « dès le second semestre [2004] partageront leurs expertises avec les étudiants[1] ».

Le primat du langage économique se manifeste souvent par des choix médiatiques clairs. Ainsi, quand le directeur du *Monde* veut expliquer pourquoi il écarte le directeur de la rédaction et s'apprête à remanier toute l'équipe, ce n'est pas dans son propre journal qu'il choisit de s'exprimer. Les raisons « réelles » sont exposées dans un entretien accordé au supplément Économie du *Figaro* (23 décembre 2004) sous le titre : « Nous voulons bâtir des synergies avec Lagardère ». Dans cet entretien, pas un

1 – Parmi ces personnalités, Nicolas Beytout, directeur de la rédaction du *Figaro*, Hervé Brusini, directeur adjoint de l'information à France 3, Alain Genestar, directeur général de la rédaction de *Paris Match*, Étienne Mougeotte, vice-président de TF1.

mot ne porte sur le contenu du journal : il pourrait aussi bien s'agir d'agroalimentaire. Il n'est question que de *restructuration* (= licenciements), de *refinancement* (= entrée de Lagardère au capital), d'*avancée historique* (= perte de l'indépendance), de *positionnement*, de *stratégie.* La page est lisse, presque neutre. Le ressentiment, l'incertitude de l'avenir ne sont là qu'entre les lignes. La LQR : un écran sémantique permettant de faire tourner le moteur sans jamais en dévoiler les rouages, « le moyen de propagande le plus puissant, le plus public et le plus secret », disait Klemperer.

L'apport des publicitaires à la LQR est différent : il est d'abord syntaxique. C'est à eux que l'on doit les phrases-choc sans verbe à la « une » des journaux. Le 28 août 2004, le respectable *Figaro* titre : « Irak : l'aveu de Bush ». Autrefois cette manchette aurait sans doute été quelque chose comme : « Le président Bush admet son échec dans ses prévisions pour l'Irak ». Avec ou sans verbe, les phrases s'entrechoquent, juxtaposées sans articulations logiques, sans plus de ces *donc*, *en effet*, *car* et autres conjonctions que les agences de publicité ont depuis longtemps éliminées[1].

Un autre symptôme de l'influence publicitaire est l'inflation de l'hyperbole, en particulier dans ce fertile sous-ensemble de la LQR que constituent les critiques de

1 – Par exemple : « BNP Paribas a joué dans cette affaire un rôle de chevalier blanc. Pour éviter de voir le Crédit mutuel mettre la main sur Cofinoga. Partenaire historique des Galeries, la BNP détenait déjà 49 % de Cofinoga et possède par ailleurs Cetelem. Ce qui rendait difficile, pour des raisons de concurrence, une fusion des deux entités. Une garantie de tranquillité pour Cofinoga » (*Le Journal du dimanche*, 15 mai 2005).

livres et de films. Les affiches dans la ville et les placards dans les journaux sont de plus en plus souvent construits autour de quelques mots percutants extraits de « critiques »[1]. Les journalistes facilitent le travail aux *créatifs* des agences en parsemant leurs articles de formules enthousiastes, riches en adjectifs et qui peuvent resservir telles quelles : ainsi, dans *Le Monde des livres* du 17 septembre 2004, la recension d'un roman de René de Ceccatty, collaborateur régulier du *Monde des livres*, se termine par : « une puissance visionnaire absolue pour dire l'immensité d'un amour », chute dont on voit bien le parti publicitaire qu'on peut tirer.

La relation incestueuse avec la publicité contribue à faire de la LQR un instrument d'émotion programmée, une langue d'impulsion comme on dit « un achat d'impulsion ». D'autant que la frontière se fait sans cesse plus poreuse entre l'espace publicitaire et le « rédactionnel ». Dans les principaux hebdomadaires, la distinction n'est plus graphiquement décelable, la mise en page est la même. On a même vu apparaître ces dernières années le « concept » (comme ils disent) d'*infopublicité*, mot imprimé en tout petits caractères en haut d'une page consacrée à tel vignoble de Bordeaux ou tel club de vacances, et qui est censé mettre en garde le lecteur contre toute confusion.

Le Monde a publié en première page un article dont le signataire est présenté comme « publicitaire et philo-

1 – Ainsi peut-on lire dans *Le Monde* du 8 octobre 2004 – un exemple entre mille de fragments d'articles utilisés pour le marketing – la publicité pour le roman de Jean-Paul Dubois, *Une vie française* : « Du grand art » (Frédéric Beigbeder, *Voici*) ; « Un chef-d'œuvre » (Gilles Pudlowski, *Le Point*). Et dans le même numéro, à propos de *La Mort de Don Juan* de Patrick Poivre d'Arvor : « Un vrai romantique » (Patrick Besson, *Le Point*) ; « Un hymne à la création » (J.-R. Barland, *Lire*) ; « Aussi fascinant qu'élégant » (Christine Arnothy, *Le Parisien*).

sophe[1] ». Des termes comme *positiver* ou *optimiser*, lancés par les experts en *communication* des hypermarchés, n'ont pas tardé à être adoptés par les politiciens. Dans le marketing, les échanges se font d'ailleurs dans les deux sens : la *sécurité*, grand thème des campagnes électorales françaises, est rapidement passée chez les lessiviers (« La sécurité pour ce que vous avez de plus fragile », lainages ou bébés sauvegardés par le bon détergent). La diction des présentatrices du journal de 20 heures sur les principales chaînes de télévision est calquée sur celle des clips publicitaires, même quand elles sont chargées de répéter le compte rendu du conseil des ministres, rédigé en LQR pure et concentrée par le porte-parole du gouvernement.

L'un des traits communs à la LQR, l'idiome des publicitaires et la langue du IIIe Reich – parallèle qui n'implique évidemment aucune assimilation entre néolibéralisme et nazisme – est la recherche de l'efficacité aux dépens mêmes de la vraisemblance. Après Stalingrad, les nazis les plus convaincus ne pouvaient pas accorder foi aux communiqués de victoire sur le front russe qui émanaient de Berlin. Mais si peu crédibles qu'ils fussent, ces communiqués triomphaux contribuaient à renforcer la conviction qu'il fallait se battre jusqu'à la mort. De même, quand on exhorte les Français à « être républicains aujourd'hui, à assumer une appartenance qui transcende tous les clivages, qu'ils soient sociaux, culturels, religieux ou ethniques[2] » ;

1 – Dominique Quessada, « Tout doit disparaître », 24 septembre 2004.
2 – Jean-Louis Debré, « Être républicain aujourd'hui », *Le Monde*, 6 juillet 2004.

quand Jean-Pierre Raffarin, alors Premier ministre, promet sur TF1 « une baisse du chômage, une réforme pour réussir à l'école et une lutte contre la vie chère » (19 septembre 2004) ; ou quand « l'opposition » demande au gouvernement de « pousser les feux en direction de l'emploi des jeunes et des plus de 50 ans[1] », ce sont évidemment des phrases auxquelles personne ne croit, et surtout pas ceux qui les prononcent. Mieux vaut d'ailleurs que certains énoncés soient invraisemblables : pris au mot, ils risqueraient d'entraîner de grandes difficultés. Slavoj Žižek, philosophe slovène, explique que dans l'ex-Yougoslavie « l'idéologie officielle exhortait les gens à s'investir dans le processus autogestionnaire, à prendre en main leurs conditions de vie en dehors du Parti et des structures étatiques "aliénées" ; les médias officiels déploraient l'indifférence des gens, leur fuite dans l'intimité de la vie privée, etc. – mais ce que le régime craignait justement le plus, c'était que les gens expriment leurs besoins et s'organisent selon des principes autogestionnaires. Toute une série de marqueurs discursifs intimaient, entre les lignes, l'ordre de ne pas prendre les sollicitations officielles de façon littérale, et indiquaient que ce que voulait vraiment le régime, c'était une attitude cynique à l'égard de l'idéologie officielle – la plus grande des catastrophes eût été pour le régime de voir son idéologie prise au sérieux et mise en œuvre par ses sujets[2] ».

1 – Laurent Fabius, « La France flotte », *Le Monde*, 26 août 2004.

2 – *Vous avez dit totalitarisme ? Cinq interventions sur les (més)usages d'une notion*, tr. fr. Paris, Éditions Amsterdam, 2004, p. 111.

Dans le succès de la novlangue, la concentration des principaux « outils d'opinion » français entre très peu de mains – quatre ou cinq bétonneurs, marchands d'armements, avionneurs, grands financiers – a certes son influence, mais l'explication n'est pas suffisante[1]. Le Politburo de Staline n'aurait rien pu faire sans l'immense réseau des apparatchiks locaux (dans *The Road to Terror*, Arch Getty montre que c'est la crainte du lâchage de ce réseau qui a déclenché la grande terreur de 1937[2]). De même, l'oligarchie politico-financière française, si bien intégrée qu'elle soit par les mouvements croisés de personnes issues des mêmes écoles et les renvois d'ascenseur, ne pourrait rien imposer, et sûrement pas une langue, sans le concours de tous ceux qui ont matériellement intérêt au maintien de l'ordre. Par millions sans doute, cadres des entreprises de sécurité, professeurs de philosophie politique, juges antiterroristes, agents immobiliers, maîtres des requêtes, chroniqueurs de France Culture et présidents de régions parlent, écrivent et répandent la LQR. Sans vouloir exhumer la vieille notion d'« alliance objective » chère à Iejov et Vichinski, on peut néanmoins discerner ce rôle moteur de la communauté d'intérêts

1 – Pour une analyse actuelle de cette concentration, en France et ailleurs, voir notamment André Schiffrin, *Le Contrôle de la parole – l'édition sans éditeurs, suite*, Paris, La Fabrique, 2005. Un exemple entre mille : le 27 septembre 2004, dans le supplément « Femina » du *Journal du dimanche* qui appartient au groupe Hachette, on ouvre sur une double page consacrée à *L'Album photo des Français de 1914 à nos jours*, publié par Chêne-Hachette Livre, puis vient un livre de Sabine de la Brosse, journaliste à *Paris Match* (groupe Hachette), *Savoir pour guérir, vaincre le cancer du sein*, publié aux Éditions Filipacchi (groupe Hachette), puis une page sur les *Guides du Routard* (Hachette Livre).

2 – J. Arch Getty and Oleg V. Naumov, *The Road to Terror, Stalin and the Self-Destruction of the Bolsheviks, 1932-1939*, New Haven, Yale University Press, 1999.

dans des circonstances et des lieux très divers. La journaliste israélienne Amira Hass note par exemple : « Des centaines de milliers d'Israéliens (au moins) ont intérêt à ce que les colonies restent en place et s'étendent, à ce que l'on contruise de nouvelles routes et à ce qu'Israël garde le contrôle de toutes les sources d'eau de Cisjordanie [...]. Tout un réseau complexe d'intérêts s'est développé, qui, avec le mantra du risque sécuritaire existentiel, fait régner le silence en Israël sur la résistance palestinienne[1]. » Faire régner le silence ou répandre une langue : on pourrait penser qu'il s'agit d'activités opposées entre lesquelles il faut choisir comme entre les deux faces de la même pièce, mais il apparaît que les deux peuvent se mener en même temps. Il existe en Israël une très riche langue nationaliste et sécuritaire parallèle à l'occultation des Palestiniens. Quant aux immenses silences français, ils sont comme l'ombre portée de la LQR.

Cette langue a une dynamique propre, un caractère performatif qui fait sa force : plus elle est parlée et plus ce qu'elle défend – sans jamais l'exprimer clairement – a lieu. Elle n'induit aucune immunité, même chez ceux qu'elle aide à opprimer. Dans le livre de Klemperer, le passage le plus effrayant décrit la façon dont les Juifs eux-mêmes absorbent la LTI : « [le docteur P.] faisait siens tous les propos antisémites des nazis, spécialement ceux de Hitler [...]. Il ne pouvait probablement plus juger lui-même dans quelle mesure il se raillait du Führer, dans quelle mesure il se raillait de lui-même et dans quelle mesure ce langage d'humiliation volontaire était devenu sa seconde nature. Ainsi, il avait l'habitude de ne jamais

1 – http//www.miftah.org, 28 août 2004.

adresser la parole à un homme de son “groupe de Juifs” sans faire précéder son nom de la mention “Juif”. “Juif Löwenstein, aujourd’hui tu dois faire marcher la petite coupeuse” – “Juif Mahn, voilà ton certificat de maladie pour le Juif des dents” (ce par quoi il désignait notre dentiste). Les membres du groupe acceptèrent ce ton, d’abord en plaisantant, puis par habitude. Certains d’entre eux avaient la permission de se servir du tramway, d’autres devaient aller à pied. En conséquence de quoi, on distinguait les “Juifs motorisés” [*Fahrjuden*] des “Juifs à pied” [*Laufjuden*] ». Et Klemperer conclut : « Langue du vainqueur [...] on ne la parle pas impunément, on la respire autour de soi et on vit d’après elle[1]. »

1 – *Op. cit.*, pp. 251 et 259. Le « groupe » dont il est question est formé de celles et ceux qui sont plus ou moins protégés de la déportation par leur mariage avec des aryen(ne)s. Ils sont regroupés dans des « maisons des Juifs ».

2

Mots, tournures, procédés

FONCTIONS DE L'EUPHÉMISME

Le mensonge politique est de tous les temps, depuis les fariboles d'Alcibiade pour convaincre les Athéniens de se lancer dans l'expédition de Sicile jusqu'aux bulletins de santé de Mitterrand. Dans *L'Art du mensonge politique*, Jonathan Swift en indiquait ironiquement la finalité : « L'Auteur règle et détermine avec beaucoup de jugement les différentes portions [de vérité en matière de gouvernement] que les hommes doivent avoir selon leurs différentes capacités, leurs dignités, leurs charges et leurs professions[1]. » Depuis la guerre de Succession d'Espagne – à laquelle Swift était ouvertement opposé –, le mensonge politique n'a fait que se perfectionner grâce aux progrès de *l'information*.

Au contraire le cynisme affiché est plutôt rare dans la langue publique française, qu'il s'agisse d'énoncés scandaleusement opposés à la « morale » ou à l'« opinion » publiques, destinés à prouver que le profénateur se situe au-dessus de ces contingences, ou encore d'énoncés dont chacun sait qu'ils sont faux mais que personne n'osera contredire – variante plutôt stalinienne, la première version étant plutôt hitlérienne. Le cynisme public est le

1 – *L'Art du mensonge politique*, Amsterdam, 1733 (en français) ; rééd. Grenoble, Jérôme Million, 1993, p. 37.

domaine réservé de quelques représentants de l'*élite*, nouveaux seigneurs qui estiment n'avoir aucun compte à rendre à qui que ce soit, « militants », actionnaires, électeurs ou autres. Jean-Marie Messier, qui fut salué par tous les médias – quoi qu'ils en disent aujourd'hui – comme un héros national parti à la conquête des États-Unis, célébré même pour ses chaussettes, était cynique en proclamant « la fin de l'exception culturelle française » depuis le fauteuil présidentiel d'un groupe produisant des films et des livres. Le baron Seillière, ex-président du lobby patronal, était cynique en déclarant en un raisonnement parfaitement circulaire : « Quand on dit : ou bien on travaille plus ou bien l'emploi ne peut pas être conservé, c'est bien la démonstration que l'acquis social doit céder devant la nécessité économique[1]. » Claude Perdriel, directeur du *Nouvel Observateur*, était cynique en précisant : « Si je crois à la qualité de l'information d'un journal, je crois et j'accepte plus facilement les pages de publicité que je lis. De plus, comme les articles sont plutôt longs chez nous, le temps d'exposition à la page de publicité est plus grand » (*Stratégies*, 12 décembre 2004). Patrick Le Lay, P-DG de TF1, a poussé le cynisme jusqu'à une gaffe délibérée par laquelle il passera peut-être à la postérité : « Pour qu'un message publicitaire soit perçu, il faut que le cerveau du téléspectateur soit disponible. Nos émissions ont pour vocation de le rendre disponible : c'est-à-dire de le divertir, de le détendre pour le préparer entre deux messages. Ce que nous vendons à Coca-Cola, c'est du temps de cerveau humain disponible[2]. »

1 – *Le Figaro Magazine*, 28 août 2004.

2 – In *Les Dirigeants face au changement*, Paris, Les Éditions du Huitième Jour, 2004. Le pari de Le Lay est gagné puisque *Télérama* lui a consacré un dossier de dix pages (11 septembre 2004).

Mais la LQR vise au consensus et non au scandale, à l'anesthésie et non au choc du cynisme provocateur. C'est pourquoi l'un de ses principaux tours est au contraire l'euphémisme – point commun avec la langue des nazis qui forgeaient un euphémisme pour chacun de leurs crimes, avec pour finir l'imbattable *Endlösung*, la *solution finale*. Le grand mouvement euphémistique qui a fait disparaître au cours des trente dernières années les surveillants généraux des lycées, les grèves, les infirmes, les chômeurs – remplacés par des conseillers principaux d'éducation, des mouvements sociaux, des handicapés, des demandeurs d'emploi – a enfin permis la réalisation du vieux rêve de Louis-Napoléon Bonaparte, l'extinction du paupérisme. Il n'y a plus de pauvres mais des gens *modestes*, des conditions *modestes*, des familles *modestes*. Être orgueilleux quand on n'a pas d'argent n'est pas pour autant interdit, mais cette façon de dire implique au moins une certaine *modération* dans les exigences. De la population des modestes émerge parfois une figure brillante dont les origines sont toujours soulignées. (John Edwards, sénateur de Caroline du Nord et colistier de John Kerry, « riche avocat, est issu d'une famille modeste – son père travaillait dans une filature[1] ».) Il ne faut décourager personne, chacun doit avoir sa chance : « L'ESSEC [grande école de commerce] a privilégié un accompagnement sur la durée de lycéens avec un réel potentiel mais dont les origines modestes limitent la chance d'accéder à des études supérieures de haut niveau » (*Le Monde*, 22 juin 2005).

En matière d'euphémismes, la LQR est capable de renchérir sur ses propres inventions. Ainsi apprend-on qu'« il ne faut pas dire "restructuration", "fusion", "réorganisation" et encore moins "absorption". Après la réussite de

1 – *Libération*, 7 juillet 2004.

l'offre publique d'achat (OPA) lancée par le groupe pharmaceutique Sanofi-Synthélabo sur son homologue Aventis, le maître mot du processus d'unification est "intégration" » (*Le Monde*, 8 septembre 2004).

On peut distinguer à l'euphémisme LQR deux fonctions distinctes. La première est le contournement-évitement. Soit l'expression *partenaires sociaux*: je reviendrai sur l'essorage de l'adjectif « social », mais partenaires ? Au bridge, en double de tennis, le partenaire est celui ou celle *avec qui* on fait la paire. D'après *Le Petit Robert*, un partenaire est « une personne avec laquelle quelqu'un est allié contre d'autres joueurs ». Le principal du collège La Courtille à Saint-Denis, interrogé par *Le Figaro* (16-17 octobre 2004), emploie donc le mot à juste titre en préconisant « un *partenariat* étroit avec la police et la justice » pour rétablir l'ordre dans les cours de récréation. Mais s'agissant de « négociations » entre patronat et syndicats, la formulation « discussions entre partenaires sociaux », si banale qu'elle ne retient pas la moindre attention, contourne un non-dit, à savoir que patronat et états-majors syndicaux œuvrent ensemble au maintien de la paix sociale, qu'ils sont – pour reprendre l'une de ces images sportives que la LQR affectionne – du même côté du filet. L'entretien avec le baron Seillière, cité plus haut, est titré par la rédaction : « Je suis frappé par la lucidité des syndicats[1] ». Les auteurs de la note annuelle de l'association Entreprise et Personnel (6 octobre 2004), « structure à laquelle adhèrent 160 grandes entreprises et qui est spécialisée dans le conseil en

1 – 28 août 2004. La phrase complète est : « En tout cas, je suis frappé par la lucidité des analyses faites au sommet dans les syndicats sur la nécessité de réformer par le dialogue social. »

ressources humaines », notent que « les syndicats masquent derrière des protestations indignées l'acceptation de fait des réformes ».

Autre évitement, le terme de *privatisation*, qui joue sur l'opposition public/privé, où « privé » est pris dans le sens positif de ce qui vous appartient en propre (vie privée, propriété privée...). Dire qu'une entreprise a été *privatisée*, c'est exploiter cette connotation, c'est faire oublier qu'on a pris au contraire un bien appartenant en propre à la collectivité et qu'on l'a donné – ou vendu à vil prix – à des actionnaires qui vont le *rationaliser* pour en *optimiser* les résultats (la LQR évite les termes évoquant sans fard l'accumulation des richesses : il n'est guère question de bénéfice mais de *résultat net*, ni de profit mais de *retour sur investissements*). Lors des privatisations les plus impopulaires, on insiste sur l'achat d'actions par le grand public, qui ne peut évidemment pas dépasser l'ordre du dérisoire. Et le terme même de privatisation disparaît dans les cas les plus scandaleux, s'agissant de la police, des prisons, de la guerre.

Dans l'évitement/substitution, le recours aux anglicismes est fréquent. C'est ainsi que *préventif*, sans doute trop clair, est lentement remplacé par *préemptif* : « L'idée d'une frappe préemptive [sur les installations nucléaires iraniennes] fait aujourd'hui l'objet d'intenses débats à Tel-Aviv » (*Le Monde*, 26 novembre 2004). Dans le même registre, la *gouvernance* a fait son entrée dans la LQR, prenant des parts de marché à gouvernement (trop étatique), à direction (trop disciplinaire), à management (trop technocratique, bien qu'assez ancien dans la novlangue)[1]. Dans *Le Monde des livres* du 2 septembre 2004, Alain Renaut,

1 – Les Américains l'utilisent principalement dans *corporate governance*, c'est-à-dire la direction des entreprises par leurs actionnaires.

auteur, nous dit-on, de « l'un des essais les plus percutants de la rentrée », déclare : « Séparé de sa composante sacrée, le pouvoir est nu. Pour en réorganiser l'exercice, il faut trouver, secteur par secteur, de nouvelles modalités de gouvernance[1]. » Lors du 10e Forum Économie-Santé, tenu le 18 novembre 2004 avec la participation du ministre de la Santé et de Bernard Kouchner, l'une des conférences était consacrée à « la nouvelle gouvernance de l'assurance-santé ». D'après les « Cahiers du management » de *L'Expansion* (septembre 2004), « Mettre le système d'information (SI) au service de la prise de décisions, c'est l'ambition – révolutionnaire – de la "gouvernance SI" ». Le 27 mai 2005, à la veille du référendum constitutionnel, le *Journal officiel* publiait une annonce émanant du cabinet du Premier ministre, dont l'objet était : « Prestation d'étude sur les stratégies de gouvernance dans différents pays européens ainsi qu'aux États-Unis, et sur l'évolution des attentes des opinions publiques ». Sur ce dernier point, la réponse n'a guère tardé[2].

Dans un registre voisin, Ernest-Antoine Seillière explique que la notion d'« entrepreneur » – qui désignait naguère un petit patron du bâtiment – « s'est parfaitement enracinée pour essayer de se substituer à celle de "chef d'entreprise" (hiérarchique) et à celle de "patron" (qui est un peu archaïque quand on l'associe à "patro-

1 – À rapprocher de la question posée par son ami Luc Ferry, aujourd'hui directeur du Conseil d'analyse de la société (*sic*) : « Comment ce qui n'est qu'immanence à l'humain pourrait-il encore posséder ce caractère sacré en l'absence duquel tout n'est que divertissement et vanité ? » (*Le Sens du beau*, Paris, Le Livre de poche, Biblio essais, 2002, p. 303. « Clarté, érudition, intelligence du propos, tout est dans cette somme », estime *Le Figaro Magazine*, 16 octobre 2004).

2 – On trouvera dans *Nouveaux Regards*, revue de la FSU (n° 29, avril-juin 2005), un bon dossier sur « La gouvernance et ses enjeux ».

nat"). *Il faut faire attention à la terminologie.* "Entrepreneur", c'est positif, "patron", c'est autoritaire, "chef d'entreprise", c'est technologique[1] ». On voit le soin que nos « élites » mettent à affiner le vocabulaire de la LQR. C'est d'ailleurs le même Seillière qui a remplacé la dénomination archaïque du syndicat patronal – le CNPF ou Centre national du patronat français – par le plus « positif » Mouvement des entreprises de France ou Medef.

L'autre fonction de l'euphémisme consiste à prendre un mot banal, à en évacuer progressivement le sens et à s'en servir pour dissimuler un vide qui pourrait être inquiétant. Soit par exemple, pour cette fonction de masque, l'omniprésente *réforme*: en LQR, le mot a deux usages principaux. Le premier est de rendre acceptables le démantèlement d'institutions publiques et l'accélération de la *modernisation* libérale : « Seule la mise en place immédiate et accélérée d'un programme de réformes peut rétablir notre situation économique », écrit Ernest-Antoine Seillière dans *Le Monde* du 1er juin 2005, au lendemain du référendum sur la Constitution européenne. Et dans le même journal, Édouard Balladur, ancien Premier ministre, livre une belle dénégation : « Qui dit réforme ne dit pas nécessairement injustice, bien au contraire » (17 août 2005).

Dans son autre usage, *réforme* est une manière pour les gouvernants de signifier, face à une question vraiment litigieuse, que la décision est prise de l'enterrer sous les enquêtes, rapports et travaux de commissions. Le lobby des constructeurs contraint-il le ministre de l'Écologie à abandonner son projet de « malus » pour l'assurance des

1 – *Entreprendre*, décembre 2004 (souligné par moi.)

voitures neuves les plus polluantes ? « Il a confirmé que deux groupes de travail parlementaires seraient mis en place d'ici à fin septembre pour étudier cette réforme et que des discussions auraient lieu[1]. » Les députés refusent-ils les CV anonymes proposés par Claude Bébéar, l'ancien P-DG d'Axa ? Jean-Louis Borloo, ministre de la Cohésion sociale, annonce que cette réforme (le projet d'anonymat) sera étudiée par une commission technique sous l'autorité de l'ancien président du Haut Conseil de l'intégration et patron de Saint-Gobain, Roger Fauroux.

Bref, derrière *réforme*, il n'y a rien que du vide. « Le mot *réforme* ne renvoie en définitive à aucune réforme particulière mais consacre la distance entre ce qui est bon pour le peuple et ce que celui-ci désire[2]. » Mais les politiciens, qui s'affirment tous « réformistes », font leur possible pour que cette notion reste crédible. Jean-Pierre Raffarin affirmait dans un entretien accordé au *Figaro Magazine* (6 septembre 2004) : « Il y a une "voie française" pour la réforme. J'en suis convaincu : c'est une voie qui n'est pas idéologique. L'idéologie conduit à l'impasse et à l'immobilisme. [Cette voie française] repose sur une équation que je résume ainsi : "Réforme = écoute + justice + fermeté" [...]. Il faut que la réforme soit équitable et qu'à cette fin, elle repose sur des leviers de justice solides. »

Dans ces propos, deux mots méritent qu'on s'y arrête. Le premier est *idéologie*, servant ici à exprimer que « la voie française pour la réforme » se situe hors du champ de la politique – ce qui reste difficile à énoncer en ces termes pour un Premier ministre quel qu'il soit. Le

1 – *La Tribune*, 15 septembre 2004.

2 – Jacques Rancière, entretien avec Léa Gauthier et Jean-Marc Adolphe, *Mouvements*, été 2004, p. 42.

second mot est *équitable*. Depuis la *Théorie de la justice* de John Rawls, l'*équité* a envahi le langage néolibéral en chassant l'égalité dont la passion – comme Hannah Arendt, Raymond Aron et François Furet ont cherché à nous l'apprendre – mène droit au goulag.

Une réforme est souvent présentée comme le moyen de sortir d'une *crise*. Cet autre mot-masque est issu du vocabulaire de la médecine classique : la crise est le bref moment – quelques heures – où les signes de la maladie (pneumonie, typhoïde) atteignent un pic, après quoi le patient meurt ou guérit. Étendu à l'économie et à la politique, le terme de crise a longtemps désigné à juste titre un épisode grave mais limité dans le temps : la crise de 1929, si paradigmatique qu'on l'appelle encore parfois « la Crise », fut un moment d'exception où l'on vit des banquiers sauter par les fenêtres – ce qui ne s'est malheureusement jamais reproduit. Sous la IVe République, on a connu d'innombrables « crises ministérielles » et peut-être est-ce à ce moment-là que le terme de crise a cessé d'être réservé à des événements aigus. La dérive du mot, actuellement employé à contresens, n'est pas innocente : parler de crise à propos du logement, de l'emploi, du cognac ou de l'éducation n'implique pas que leurs *problèmes* vont être *résolus* à court terme. Chacun sait qu'ils sont tout à fait chroniques mais l'évocation d'une crise, terme auquel continue à s'attacher malgré tout la notion d'une temporalité brève, contribue à calmer les impatiences, ce qui est bien l'un des buts des euphémismes de la LQR.

La mère de toutes les crises actuelles, la *crise économique*, dure depuis le début des années 1970 avec des fluctuations toujours expliquées par les turbulences d'un élément fondamental, *la croissance*. La croissance *sera-*

t-elle au rendez-vous ou pas ? Les experts qui s'expriment sur cette question ont le sérieux des augures romains examinant des entrailles. On ne trouve parmi eux aucun émule de ce général à qui l'on déconseillait de livrer bataille parce que les poulets sacrés n'avaient pas mangé et qui fit jeter les volatiles à la mer en disant que s'ils n'avaient pas faim ils avaient peut-être soif. Autour de la croissance s'étend une zone d'étonnante crédulité : des économistes de renom s'opposent sur les variations minimes (1,5 % au lieu de 1,6 %) d'une grandeur partout présentée comme soumise à des variations aléatoires : « Europe : le spectre de la croissance molle », titre *Le Monde* du 4 décembre 2004, sans hésiter devant cette irruption de Nosferatu chez von Hayek. Et dans le corps de l'article : « Après l'espoir, l'inquiétude : alors que la première partie de l'année avait plutôt réservé *de bonnes surprises*, la seconde voit s'accumuler les mauvaises. » Et dix-huit mois plus tard : « L'économie française va-t-elle basculer dans le rouge ? La croissance française, *encore vigoureuse au quatrième trimestre 2004* [les augures n'ont jamais peur de se contredire], est attendue en nette baisse au premier trimestre 2005 » (*Le Journal du dimanche*, 15 mai 2005). Comme il n'est pas possible de convenir ouvertement du caractère imprévisible de la croissance, la LQR utilise des métaphores tantôt météorologiques (« Coup de froid enregistré par la croissance française au premier trimestre 2005 », *Le Figaro Économie*, 24 mai 2005) ; tantôt aéronautiques (« Le trou d'air est derrière nous », indique Thierry Breton, ministre de l'Économie, qui avoue cependant, en un étonnant looping, que « le plancher de [sa] précédente fourchette de prévisions est plutôt devenu le plafond », *Le Monde*, 21 juin 2005) ; ou encore hippiques : « D'une manière générale, les économistes pariaient sur un impact modéré et indirect [du référendum constitutionnel] sur la croissance » (*Les Échos*, 30 mai 2005).

La croissance tient une grande place dans la LQR pour deux raisons. La première est le caractère magique des données chiffrées, qui confère aux énoncés les plus invraisemblables ou les plus odieux une respectabilité quasi scientifique. Ainsi peut-on lire dans *Le Figaro* (10 juin 2005) : « Le ministre de l'Intérieur, Nicolas Sarkozy, a annoncé hier avoir fixé à ses services un objectif de hausse de 50 % des reconduites à la frontière de clandestins en 2005. "Il faut retrouver la maîtrise quantitative des flux", a déclaré le président de l'UMP. » Ou bien sur un mode différent dans *Le Journal du dimanche* du 12 juin 2005 : « La part d'audience [de *La Ferme 2*] est de 39,1 % sur les femmes de moins de 50 ans à 20 h 50 et de 43,3 % sur la même cible à 19 heures. » Ou encore, en plus sinistre : « En dépit des guerres et de la pauvreté, le continent noir a enregistré en 2004 sa plus forte croissance depuis huit ans » (*Le Monde*, 24 mai 2005). Les habitants des townships d'Afrique du Sud, les travailleurs-esclaves des complexes industriels du Nigeria, les 25 millions de séropositifs du « continent noir » seront sûrement contents de l'apprendre.

La seconde raison qui fait l'intérêt « politique » de la croissance est son caractère mystérieusement incontrôlable. Elle est la principale des *contraintes extérieures* sur lesquelles on ne peut rien sauf en déplorer les effets rétrécissants sur la *marge de manœuvre*. Les effets erratiques de la croissance sont censés n'épargner personne. Rares sont les mauvais esprits qui font remarquer qu'en 2003, alors que la croissance française n'a été que de 0,6 %, les salaires des patrons du CAC 40 ont augmenté de 10,3 %. Dans l'ébauche de programme récemment publiée par trois anciens ministres socialistes, la croissance est appelée au secours à plusieurs reprises, comme Achille dans l'*Iliade* : « Sortir la France de l'atonie économique en renouant avec une croissance plus forte... » ; « Sans croissance, pas de moyens suffisants pour la solidarité... » Avec la « politique volontariste et progressiste », le « contenu fort du réformisme de gauche », la démocratie « pour un modèle de développement durable », cet article constitue un véritable florilège de LQR signé par Martine Aubry, Jack Lang et Dominique Strauss-Kahn (« Du courage pour faire gagner la gauche », *Le Monde*, 6 décembre 2004). L'accession de la croissance à un statut de masque magique témoigne de la décadence de la pensée et du vocabulaire économiques depuis trente ans. Dans sa leçon du 7 mars 1979, Michel Foucault pouvait encore dire qu'« à la suite de la grande crise des années 1970, tous les gouvernements quels qu'ils soient savaient bien que les éléments économiques qu'ils devaient nécessairement prendre en considération, quelle que soit la nature de ces options, quels que soient ces choix et ces objectifs, c'étaient le plein emploi, la stabilité des prix, l'équilibre de la balance des paiements, *la croissance du PNB*, la redistribution des revenus et des richesses et la fourniture des biens sociaux », énumération où la croissance n'est qu'un élément mis sur le même plan que les autres[1].

Mener des *réformes* pour sortir de la *crise* si, non pas Dieu, mais la *croissance* le permet, telle est la conduite prônée par les experts, approuvée par les financiers et mise en pratique par les politiciens. C'est pour donner à ce faux-semblant un vernis de respectabilité que l'on crée de Hauts Commissariats, de Hauts Conseils, de Hautes Autorités,

1 – *Naissance de la biopolitique, Cours au Collège de France, 1978-1979, op. cit.*, p. 200 (souligné par moi).

ou la majesté du *Haut* sert à masquer le vide : « François Fillon [ministre de l'Éducation nationale] devrait créer une Haute Autorité de l'Éducation, mais qui ne déciderait pas des programmes » (*Libération*, 18 novembre 2004). On imagine quels vont être les pouvoirs du Haut Conseil à l'intégration ou de la Haute Autorité contre les discriminations récemment mis en place.

Dernièrement, on m'a fait remarquer à quel point les euphémismes de la langue vectrice de l'idéologie néolibérale en France ressemblent aux discours tenus en Union soviétique dans sa phase terminale[1]. « Nous accomplissons actuellement – écrivait en 1989 Vadim Zagladine, politologue – une restructuration psychologique. » Et plus loin : « Selon la conception soviétique actuelle, la sécurité ne peut être assurée que par les efforts conjoints de tous les membres de la communauté mondiale[2]. » Nikolaï Sliounkov, membre du Bureau politique et secrétaire du Comité central du PCUS, affirmait la même année : « Nous aspirons à ce que les intérêts individuels s'allient harmonieusement à ceux de la société. C'est ce à quoi nous voulons aboutir au moyen de la transparence et de la garantie de la participation réelle de chacun à la gestion[3]. » Ne dirait-on pas Chirac, ou Borloo, ou Strauss-Kahn ?

Parmi les mots-masques, les composés en *post-* constituent un sous-groupe important : le préfixe post donne à peu de frais l'illusion du mouvement là où il n'y en a pas.

---

1 – Ce « on » désigne un ami du groupe *Tiqqun* qui tient à l'anonymat.

2 – *Pour la restructuration et l'humanisation des relations internationales*, Moscou, Éditions de l'agence de presse Novosti, 1989, pp. 78 et 80.

3 – *La restructuration de l'économie est un objectif politique majeur*, Moscou, Éditions de l'agence de presse Novosti, 1989, p. 29.

Post-colonialisme, par exemple, expose au danger d'oublier ou de faire oublier que le pillage continue après les changements d'étiquettes dans les pays *en développement* (*émergents* s'ils ont des ressources pétrolières et en tout cas jamais « du tiers-monde », expression bannie, évoquant les mauvais souvenirs des luttes de libération des années 1960) – et qu'en France même sévissent toujours l'imaginaire et les pratiques coloniales. Cette permanence s'est manifestée lors du vote par l'Assemblée nationale, le 10 février 2005, d'une loi imposant aux programmes scolaires d'« accorder à l'histoire de la présence française outre-mer, notamment en Afrique du Nord, la place qu'elle mérite ». Un tel révisionnisme légal, outre qu'il est, sauf erreur, sans précédent en France, montre bien que parmi « nos élites » l'esprit du colonialisme est toujours bien vivant.

Selon la vulgate néolibérale, nous vivons dans une société *post-industrielle*. Faire disparaître l'industrie a bien des avantages : en renvoyant l'usine et les ouvriers dans le passé, on range du même coup les classes et leurs luttes dans le placard aux archaïsmes, on accrédite le mythe d'une immense classe moyenne solidaire et conviviale dont ceux qui se trouvent exclus ne peuvent être que des paresseux ou des clandestins. Le glissement est facilité par les modifications dans le recrutement de ceux qui continuent à faire tourner l'industrie. S'il n'est plus question des fameux OS des années 1960-1970 (« ouvriers spécialisés », euphémisme désignant alors ceux qui travaillaient à la chaîne, non spécialisés justement), c'est qu'il n'y a plus beaucoup de « Français de souche » ni même de Blancs parmi leurs successeurs sur les chaînes de montage. Cela aide à leur occultation en tant qu'*ouvriers* – ce qui ne les empêche évidemment pas d'apparaître, dans d'autres rubriques et d'autres lieux, en tant qu'*immigrés*.

Pour les champs de bataille de la guerre civile mondiale où les arguments sont des balles réelles, les médias et les politiciens français ont mis au point une euphémisation particulière qui montre leur souci de défendre l'homme blanc, en butte aux attaques déloyales d'intégristes plus ou moins basanés. Titrer « *Bavure* » (*Libération*, 7 octobre 2004) un article évoquant le meurtre d'une écolière palestinienne par des soldats israéliens qui « avaient pris son cartable pour une charge explosive », c'est transformer un crime de guerre en une grosse bêtise méritant une bonne réprimande. Qualifier d'*offensive* – comme s'il s'agissait d'une manœuvre de Rommel ou de Rokossovski – une réoccupation motorisée du nord de la bande de Gaza ou des raids américains sur les villes irakiennes (« Les forces américaines ont poursuivi leur offensive visant les bastions de la rébellion sunnite », *Le Figaro*, 7 octobre 2004), c'est occulter que ces actions menées avec des chars et des avions visent essentiellement des populations civiles. Parler de rebelles (« Quelque 1 600 membres de la police irakienne et 1200 soldats américains sont déployés à Mossoul depuis mardi et s'apprêtent à donner l'assaut aux positions rebelles pour rétablir l'ordre », *Le Monde*, 21-22 novembre 2004), c'est accréditer l'opinion qu'il existe en Irak un pouvoir légitime auquel s'opposeraient des « rebelles » (venus de l'étranger). Quand un groupe armé détruit un fortin israélien à Rafah, dans le sud de la bande de Gaza, qualifier cet acte de résistance d'*attaque de terroristes* ou d'*attentat* (France 2, 13 décembre 2004, et France 3, même date), c'est reprendre les termes qu'utilisait contre la Résistance le regretté Philippe Henriot, secrétaire d'État à l'Information du gouvernement de Vichy, abattu par un corps franc en avril 1944. Au lendemain de ses funérailles solennelles, on pouvait lire dans *Combats*, le journal de la Milice : « Philippe Henriot, nous vous renouvelons la promesse de combattre, pour gagner, pour débarrasser la France de ces bandes de pillards qui terrorisent nos provinces[1]. »

Une forme particulière de l'euphémisme est l'amplification rhétorique. Par un effet de déréalisation, elle permet de tirer parti du pouvoir dramatisant de certaines expressions sans aucun risque d'être pris au mot. Tel est le cas des images et métaphores guerrières par lesquelles la langue publique cherche à convaincre de la détermination de nos dirigeants. Lors de l'enlèvement de Christian Chesnot et de Georges Malbrunot en Irak – je reviendrai sur « leur chauffeur syrien » –, tous les quotidiens, toutes les radios et télévisions ont décrété la *mobilisation générale*, suivis par Chirac dans sa déclaration du 29 août 2004 : « Le Gouvernement, sous l'autorité du Premier ministre, est entièrement mobilisé. » L'antienne est reprise lors de la libération des otages : « La mobilisation a payé », titre *Le Parisien* du 22 décembre 2004. Le même jour, *mobilisation* apparaît cinq fois dans la double page consacrée par *Le Monde* à l'événement, et deux fois dans l'éditorial (« Bonheur encore d'avoir assisté à une mobilisation, à une solidarité sans failles... »). Et Jacques Chirac salue dans une déclaration télévisée « la mobilisation et l'unité de tous les Français ». Quelques mois plus tard, après le référendum constitutionnel, le même affirme que « [l'emploi] exige une mobilisation nationale. Cette mobilisation, je suis décidé à l'inscrire résolument dans le respect de notre modèle français » (discours sur toutes les chaînes nationales, 30 mai 2005). Le 2 juin, Dominique de

1 – Jacques Delperrié de Bayac, *Histoire de la Milice*, Paris, Fayard, 1969, p. 503.

Villepin, nouveau Premier ministre, déclare sur TF1 : « Le président de la République a fixé la feuille de route, c'est la bataille pour l'emploi qui va constituer la priorité de ce gouvernement. » La *feuille de route*, déjà passablement usée au Proche-Orient, reprend néanmoins du service sous d'autres drapeaux : Franco Frattini, ancien ministre des Affaires étrangères de Berlusconi et nouveau commissaire européen en charge de la Justice et des Affaires intérieures, annonce qu'il « présentera au début de l'an prochain une "feuille de route" pour améliorer la coopération entre les polices afin de mieux protéger les frontières extérieures de l'Europe à 25 » (*Le Figaro Économie*, 13 décembre 2004). Thierry Breton, P-DG de France Telecom, est nommé ministre des Finances : « Centriste converti au libéralisme [...], "il est tendu à 100 % vers l'efficacité, il donne une feuille de route à ses troupes avec des objectifs très précis à atteindre coûte que coûte", témoigne un consultant » (*Le Journal du dimanche*, 27 février 2005).

C'est dans le même registre belliqueux que l'on peut ranger la *guerre de civilisations* (« L'unique objectif des "jihadistes", inspirés par Ben Laden, est d'allumer l'étincelle d'une guerre de civilisations », écrit Patrick Sabatier en bon disciple de Samuel Huntington, dans *Libération* du 30 août 2004) ; ou bien encore la *prise en otage* des usagers du RER par les grévistes, le *coup de main* de Bolloré sur Havas, le *fer de lance* de l'économie, la *garde rapprochée* de tel ou tel oligarque, l'*offensive* sur le front des prix avec *opérations coup de poing* (*Le Figaro Économie*, même date). Les ministres *montent au créneau* pour défendre le oui au référendum sur la Constitution européenne. « À Bercy, on voit déjà une "fenêtre de tir" après le référendum si le oui l'emporte » (*Le Monde*, 18 mai 2005).

Mais le versant guerrier de la LQR ne se limite pas à ces inoffensives images. Dès qu'il y a rumeur de guerre dans le monde, on voit s'avancer en phalange les penseurs casqués de l'ex-nouvelle philosophie, les stratèges de la guerre préventive et les clausewitziens des grands quotidiens. Déjà, en 1987, Jean-Paul Escande, André Glucksmann, Bernard Kouchner et Yves Montand enjoignaient au gouvernement français de joindre « Le geste et la parole » en intervenant militairement au Tchad : « Nous ne sommes pas des "boute-feu", nous ne souhaitons en aucun cas que notre pays déclare et fasse la guerre à la Libye. Mais nous ne pouvons nous satisfaire de la barrière fictive du 16e parallèle, notion stratégique qui ne protège pas nos amis de la mitraille. Il faut rester fermes [...]. Intellectuels, nous souhaitons que la France joigne le geste à la parole[1]. » Dans ces quelques lignes, on peut repérer certains traits récurrents du discours LQR-va-t-en-guerre : la dénégation (nous ne sommes pas des « boute-feu » mais des humanistes), l'autolégitimation (nous sommes des experts, des intellectuels) et la vanité des baroudeurs (superbe à cet égard, la critique par Bernard Kouchner du livre de Bernard-Henri Lévy, *Réflexions sur la guerre* : « Cinq grands articles écrits, dents serrées, pour *Le Monde*, dans la sueur et la fatigue, sur des chemins qui brisent le dos, là où le réel entre par les pieds, grâce à l'effort et au courage. Je les connais ces routes de l'extrême. Je les ai parcourues avec une trousse de médecin en pensant que l'humanitaire sans la politique est aussi inutile que

1 – *Le Monde*, 1er janvier 1987. Dix-huit ans plus tard, on retrouve nombre des mêmes et de leurs amis (Pascal Bruckner, André Glucksmann, Romain Goupil, Bernard-Henri Lévy) signant un appel pour soulager la famine au Niger : la guerre préventive et l'action humanitaire sont bien les deux faces de la même monnaie.

l'inverse. On n'écrit pas la guerre dans son salon », *Le Monde*, 26 octobre 2001).

Devant la perspective de voir la France compromettre le déclenchement de la guerre en Irak, André Glucksmann s'inquiète : « Le 30 janvier 2003, à 14 h 30, je sortais du Quai d'Orsay. Abasourdi. Triste. Je devinais que la France, décidée à pousser sa querelle, allait user du maximum de ressources, influences, amitiés, pouvoirs, ruses et ficelles disponibles pour bloquer le "camp" américain et interdire toute intervention musclée en Irak, pis, toute menace d'intervention[1]. »

Une fois la guerre lancée et « gagnée », les intellectuels en treillis expriment leur satisfaction dans un langage stéréotypé : « Karzaï [le président de l'Afghanistan] est un homme des Lumières. C'est le prototype de ces musulmans éclairés, modernes, dont il faut partout renforcer les positions », explique Bernard-Henri Lévy[2]. Au lendemain de la prise de Bagdad, Pascal Bruckner, André Glucksmann et Romain Goupil s'exclament : « Quelle joie de voir le peuple irakien en liesse fêter sa libération et ses libérateurs » (*Le Monde*, 15 avril 2003). Aucune gêne pour les pronostics non réalisés, les compromissions que le temps s'est chargé de rendre indéfendables. D'éditorial en éditorial, on voit Patrick Sabatier, l'un des journalistes les plus pousse-à-la-guerre d'Irak (« Écraser le nid de vipères », *Libération*, 5 avril 2003), retourner doucement sa veste : « La victoire est amère de constater que tous les risques contre lesquels les États-Unis avaient été mis en garde par ceux qui jugeaient aussi aventureuse que mal fondée leur "guerre préven-

1 – *Ouest contre Ouest*, Paris, Hachette Littérature, 2004, p. 11.
2 – *Récidives*, Paris, Grasset, 2004, p. 841.

tive", sont devenus réalité » (*Libération*, 19 mars 2004). Sabatier aurait pu préciser qu'il n'avait pas à l'époque de mots assez durs contre « ceux qui jugeaient... »). Pour qualifier la situation en Irak et en Afghanistan, l'image du *bourbier* revient fréquemment dans les médias. L'envie me vient de dire comme les enfants : « C'est c'lui qui l'dit qu'y est. »

UN RENVERSEMENT DE LA DÉNÉGATION FREUDIENNE ?

Dans le langage psychanalytique, la dénégation est l'expression, sur le mode du refus, d'un désir refoulé. J'ignore si les psychanalystes ont un mot pour désigner ce qui en serait comme une sorte de variante inversée. La LQR fait grand usage de ce tour : prétendre avoir ce qu'on n'a pas, se féliciter le plus pour ce qu'on sait posséder le moins.

Ainsi, lorsque la précarité est venue s'ajouter au contrôle disciplinaire pour effacer ce qui restait d'humain dans les entreprises, lorsque la consommation des drogues psychotropes par les salariés a commencé à exploser, les anciens directeurs du personnel se sont vus transformés en directeurs des *ressources humaines*, les DRH. (La parenté est curieuse entre les théories néolibérales du « capital humain » et la brochure de Staline longtemps diffusée par les Éditions Sociales, *L'Homme, capital le plus précieux*.)

De même, quand tout concourt à l'isolement, il n'est question que de *dialogue*, d'*échange*, de *communication* et le mot *ensemble* – j'y reviendrai – prolifère sur les murs. Dans l'opacité régnante – « politique », financière, policière –, on entend dire depuis longtemps que seule la *transparence* permet le jeu démocratique. Le juriste Jean-Jacques Dupeyroux ironisait déjà sur la notion il y a plus de dix ans, à l'occasion d'une loi sur le patrimoine et les revenus des parlementaires (« Bon appétit, messieurs », *Le Monde* du 28 octobre 1992 : « Et c'est finalement un texte bidon qui n'impose plus aucune transparence de quoi que ce soit qui a été adopté en première lecture à l'Assemblée, à la sauvette et – fait extraordinaire – à main levée »). Désormais, on voit la « transparence » confiée aux renseignements généraux : « Dès mon arrivée au ministère [de l'Intérieur], j'ai demandé à avoir une photographie la plus précise possible de la situation de l'islam en France. Car sans ce travail de transparence, c'est la peur qui l'emporte » (Dominique de Villepin, entretien accordé au *Parisien*, 7 décembre 2004).

Il entre souvent une part de comique involontaire dans ces efforts de promotion à tout prix. À une époque où l'on compte un nombre inhabituel d'escrocs et de menteurs au plus haut niveau des grandes sociétés, des partis et de l'État, où l'on ne sait plus si le mot *affaires* a trait aux activités économiques ou aux scandales financiers, les oligarques et leur personnel de haut rang sont présentés dans les médias comme *nos élites*[1]. Dans l'éditorial de *Libération* paru le lendemain du référendum constitutionnel, Serge July écrit que les partisans du non ont rejeté « la construction européenne, l'élargissement, *les élites*, la régularisation du libéralisme, le réformisme, l'internationalisme, même la générosité ». Le même jour (30 mai 2005), on pouvait lire dans *Le Parisien* :

1 – Il est révélateur que le terme d'oligarques soit rarement employé pour désigner les homologues français de ceux qui règnent sur la Russie post-soviétique par l'intrication des affaires et de la « politique ».

« Le résultat – que Michèle Alliot-Marie tient pour “une défaite de la France” – est donc, pour les élites, un désaveu cruel. » Le 1er juin, Alain-Gérard Slama affirmait sur France Culture que « La victoire du non consacre le discrédit dans lequel nos élites sont tombées ». Le 2 juin, *Le Nouvel Observateur* titrait en couverture : « Le pouvoir rejeté, les élites désavouées, l'Europe sanctionnée » et, dans le même numéro, Jacques Julliard notait dans sa chronique : « Dans tous les cas, c'est le contrat national qui est gravement atteint… La faute en incombe d'abord aux élites. » Remplaçant presque naïvement, sans guillemets ni ironie aucune, le syntagme *caste dominante*, le terme d'*élites* aligne le vocabulaire « politique » sur celui des commentaires sportifs où il est depuis longtemps question – à juste titre d'ailleurs – de l'élite du cyclisme italien ou du football brésilien.

S'agissant de la xénophobie et du racisme ambiants, on voit jouer à plein l'autojustification préventive. Pour s'écarter sans risque des positions lepénistes, on exalte le *métissage* (« entré au Panthéon » avec Alexandre Dumas, selon la mémorable manchette du *Monde*) et surtout le *multi ou pluriculturalisme.* Ainsi a-t-on appris qu'à l'Assemblée nationale, le 9 juin 2005, « l'UMP a choisi de consacrer sa deuxième Convention pour un projet populaire à la question de l'immigration et de l'intégration. Réalité des flux migratoires, *pluriculturalisme*, quartiers sensibles, identité de la France, enjeux de la construction européenne : ces sujets sont perçus avec passion par les Français ». La manœuvre est adroite : comment ne pas suivre le premier mouvement d'empathie, comment ne pas se laisser séduire par l'idée de pluralité culturelle ? D'autant plus que sévit en contrepoint le discours sur *l'universalité* de la République et que l'anathème est lancé sur le *communautarisme* et l'*identitaire*[1]. Mais le multiculturalisme est une nébuleuse où il est facile de s'égarer. Fabien Ollier a décrit le lancement de la notion au cours des années 1970-1980 par l'extrême droite la plus intelligente et la plus dure, celle d'Alain de Benoist et des membres du GRECE (Groupement de recherche et d'études de la civilisation européenne). Leur champ sémantique, « focalisé autour de l'antiégalitarisme (identités particulières, droit à la différence, personnalités ethnoculturelles), de l'anti-judéochristianisme (l'histoire n'a pas de sens, l'universalisme est totalitaire) et du paganisme (la culture indo-européenne conforme aux lois du vivant) », a fini par contaminer le discours général. « À l'interface de deux idéologies sécrétées par le capitalisme, l'idéologie libérale et l'idéologie fasciste, le multiculturalisme *c'est dire le partage mais faire l'apartheid.* Son versant contre-hégémonique n'est qu'un leurre[2]. »

On assiste depuis quelque temps à la relève du multiculturalisme par un mot moins savant, celui de *diversité*, qui occupe désormais, au chapitre de la dénégation, une place centrale. Déjà Claude Allègre, ineffable ministre de l'Éducation nationale, préconisait (*Le Monde*, 17 octobre 1998) « la prise en compte de tous les talents, ce qui implique l'égalité dans la diversité » – c'est-à-dire quelque chose qui ressemble singulièrement à l'inégalité. Le même journal a publié le 2 mai 2003 un article de Nicolas Sarkozy,

1 – Alain-Gérard Slama, dans *Le Figaro Magazine* du 28 août 2004 : « Elle [la République] est ébranlée par le vaste courant intellectuel qui remet en cause son universalisme individualiste et laïque et qui rend ses principes responsables de la montée de l'intolérance. Cette idéologie, qui encourage les revendications d'appartenance ethnique et religieuse, compromet son unité, affaiblit sa justice, abaisse ses défenses. Le véritable ennemi de la République est le fléau identitaire. »

2 – Fabien Ollier, *L'Idéologie multiculturaliste en France, entre fascisme et libéralisme*, Paris, L'Harmattan, 2004, pp. 40 et 14.

ministre de l'Intérieur, intitulé « Vers une nouvelle citoyenneté française », où l'on apprenait que « La République respecte chacun dans sa différence, le traite également et lui reconnaît les mêmes droits », ce qui ne manque pas de piquant dans un pays où la capitale compte à elle seule plus de 20 000 sans-abri. Dans un message lu par le ministre de l'Intérieur devant la deuxième université d'été du mouvement « Ni putes ni soumises » (8 octobre 2004), le président de la République exaltait la diversité avec le lyrisme particulier de ceux qui écrivent ses discours : « Votre combat, c'est aussi et bien sûr le combat pour l'égalité qui passe par la lutte contre toutes les formes de discriminations et par le refus des communautarismes. La France est une terre d'accueil et d'ouverture. Elle est riche d'une diversité qui est au cœur de son identité. Diversité des cultures, des croyances, des origines. Diversité des femmes et des hommes qui, à chaque génération, sont venus rejoindre la communauté nationale et pour qui la France a d'abord été un idéal avant de devenir une patrie. » Lors de son circuit asiatique, le président a choisi pour thème de son discours devant les étudiants de Hanoï « Éloge de la diversité ».

L'entreprise elle aussi « s'ouvre à la diversité : dans l'agence d'intérim Adecco ou chez Total, on nomme des *directeurs de la diversité*. L'Institut Montaigne, club de réflexion patronal, et Yazid Sabeg, président de l'entreprise de télécoms CS (Communication et Systèmes) et héraut de la discrimination positive[1], vont rendre

1 – L'Institut Montaigne a été fondé par Claude Bébéar, ancien P-DG d'Axa. Dans sa dernière étude (*Le Monde*, 16 octobre 2004), il préconise « une connaissance ethno-raciale des salariés qui servirait à la fois à mettre en lumière des discriminations existantes et à montrer les progrès vers une plus grande diversification des recrutements ». CS est une société spécialisée dans des systèmes de surveillance sophistiqués d'application essentiellement militaire.

publique une *Charte de la diversité*, signée par plusieurs dizaines de grands groupes (Axa, Pinault Printemps Redoute, France Télévisions, Casino…) qui s'engagent à refléter la diversité de la société française » (*Libération*, 5 octobre 2004).

Le mot a la même ambiguïté que « multiculturalisme » : on prône la diversité, ce qui ne dérange évidemment personne, et dans le même mouvement on justifie que « l'accueil et l'ouverture », évoqués par Chirac devant Fadela Amara et ses amies de « Ni putes ni soumises », soient mis en œuvre *diversement selon cette diversité* – la « lutte contre toutes les formes de discrimination » étant le paravent rhétorique habituel. Prôner le multiculturalisme dans une société rongée par l'apartheid rampant, se féliciter de la diversité alors que l'uniformisation et l'inégalité progressent partout, telle est la ruse de la LQR.

Mais malgré son affinité affichée pour le divers et le multiple, la langue des médias et des politiciens a une prédilection pour les mots qui sont au contraire les plus globalisants, immenses chapiteaux dressés dans le champ sémantique et sous lesquels on n'y voit rien. Je pense à *totalitarisme*, à *fondamentalisme*, à *mondialisation*, notions molaires comme disait Deleuze, propres à en imposer aux *masses* – par opposition aux outils moléculaires faits pour l'analyse et la compréhension. C'est un artifice très ancien que l'emploi de ces grands mots creux. L'Étranger de Platon expliquait déjà que « c'est la même [faute] que si, entreprenant de diviser en deux le genre humain, on faisait la division à la façon dont la font la plupart des gens d'ici : en détachant les Grecs comme unité mise à part de tout le reste, tandis qu'à l'ensemble de toutes les autres races, alors qu'elles sont en nombre indéterminé et qu'elles ne se mêlent pas les unes aux autres ni ne parlent la même langue, ils appliquent la dénomination unique de “Barbare”, s’attendant que, à leur appliquer une seule et même dénomination, ils en aient fait un seul genre[1] ».

L’ESSORAGE SÉMANTIQUE

Forgé par des publicitaires et des experts en communication, l’outil LQR fonctionne sur la répétition. Un mot clair et utile, repris sans fin dans les éditoriaux financiers, les « 20 heures » des grandes chaînes, les discours politiques et les affiches dans le métro, devient une bouillie d’où le sens s’évapore peu à peu. Tel a été le sort, ces dernières années, d’*espace* (« espace santé », « espace détente », « espace Albert Camus »), d’*écologie*, d’*utopie* qui a repris du service dans la lutte contre toute mise en cause de l’ordre existant : « Sous la forme d’une humanité post-humaine et d’une nature entièrement artificialisée, l’utopie nous envahit et nous menace de son accomplissement même » – jugement extrait des entretiens d’Alain Finkielkraut avec Peter Sloterdijk, sorte de version actualisée des aventures intellectuelles de Bouvard et Pécuchet[2]. La *République*, pour laquelle certains se sont fait couper la tête au temps de la vieille Restauration, en est venue, sous la restauration actuelle, à désigner un système régi par les experts, où la distribution des savoirs se superpose le plus exactement possible à la distribution des positions[3]. Très logiquement, c’est sur le seuil de l’École

1 – Platon, *Le Politique*, 262d, Paris, GF, p. 87.

2 – *Les Battements du monde*, Paris, Pauvert, 2003, p. 208.

3 – Voir sur ce point Jacques Rancière, *La Haine de la démocratie*, Paris, La Fabrique, 2005, p. 76.

que campent aujourd'hui les républicains. Ainsi François Fillon, ex-ministre de l'Éducation nationale, s'en prenait-il à celles qui « souhaitent en découdre avec la République » – entendez les jeunes filles qui se présenteraient voilées à la rentrée scolaire – avec des accents à la Saint-Just : « Il faut que cette partie-là sache que la République sera intraitable, qu'elle sera d'une fermeté absolue » (France Inter, 8 juillet 2004). Dans un registre voisin, la République était appelée à la rescousse pour défendre l'enseignement traditionnel : la commission Thélot sur l'avenir de l'école a vu s'opposer les « pédagogues » aux « républicains » parmi lesquels Alain Finkielkraut qui a préféré démissionner plutôt que de céder à la passion égalitaire : « Du fait que tous les hommes sont égaux, on a tiré des conséquences désastreuses. Au nom du droit à la libre expression, on a donné la parole aux élèves sans leur donner la maîtrise de la langue. Sous prétexte d'égalité, on a accueilli les élèves les plus faibles dans les classes les plus avancées et révisé les exigences à la baisse » (*Le Monde*, 10-11 octobre 2004).

La perte de sens du mot « République » se manifeste sur le mode lyrique sous la plume du président de l'Assemblée nationale : « Héritière de tous ceux qui ont exprimé l'insuffisance des libertés formelles de l'individu face aux forces du marché, la République, après avoir jeté les bases de la démocratie représentative, a su concilier l'économie libérale et son éthique, fondée sur la récompense du mérite ou la responsabilité individuelle, avec le service public et les exigences de l'intérêt général » (Jean-Louis Debré, *Le Monde*, 6 juillet 2004). On songe au sabre de monsieur Prudhomme, qui servait à défendre les institutions et au besoin à les combattre.

Accompagnant l'essorage de « la République », le vocabulaire de la Révolution prolifère aujourd'hui de manière paradoxale. *Citoyen(ne)* était un nom que se donnaient avec fierté les acteurs de la rupture avec l'Ancien Régime – « Ici, on se donne du tu et on s'honore du nom de citoyen », pouvait-on lire dans un estaminet du quartier des Gravilliers en 1793. Par un curieux retournement, le nom est devenu un adjectif qui sert à qualifier les attitudes publiques et les comportements commerciaux les plus conformes à l'esprit du temps : *initiative citoyenne, entreprise citoyenne, Jeux olympiques citoyens.* De même, avec *jacobin* on fustige aujourd'hui un centralisme tatillon exercé par une bureaucratie parisienne autoritaire et inefficace – en ignorant qu'au club des Jacobins (dont le véritable nom était « Club de l'égalité et de la fraternité ») on défendait l'unité et l'indivisibilité de la République à un moment historique précis, quand les « fédéralistes » travaillaient à la contre-révolution dans les provinces, à Lyon, à Marseille, en Vendée. (On pourrait comparer ce glissement à celui qui a donné à *cartésien* le sens de rationaliste borné, faisant du philosophe du doute systématique une sorte de monsieur Homais à jabot de dentelle.) Quant aux *droits de l'homme*, de paradigme de la Révolution (« le rocher des droits de l'homme », disait Chaumette, le président de la Commune insurrectionnelle du 10 août 1792), ils sont devenus un produit d'exportation ou de parachutage vers les pays *en développement*, en compagnie de sang contaminé, de médicaments périmés, de mines antipersonnel et de directives du Fonds monétaire international.

Ces dérives sémantiques vont de pair avec la dévalorisation de l'idée de révolution en général et de la Révolution française en particulier. Depuis la mascarade du bicentenaire, c'est le révisionnisme qui domine dans les médias et l'enseignement universitaire. L'un des plus en vue parmi les historiens de la Révolution parle à son propos d'« utopie meurtrière », d'« idéocratie » et livre crûment son opinion personnelle : « Le scénario est d'ailleurs connu, il n'a cessé de se répéter depuis deux siècles. De ce point de vue, tous les régimes révolutionnaires se ressemblent. Il suffit de piocher au hasard[1]. »

Parmi les mots essorés, il en est deux dont l'émiettement du sens me paraît exemplaire : ce sont *social* et *modernité.* Que le premier ne veuille plus rien dire aujourd'hui, j'en veux pour preuve la manchette du *Figaro* du 20 septembre 2004 : annonçant le remplacement de Jiang Zemin par Hu Jintao à la tête de l'armée en Chine, le journal de Dassault titrait « Social : quand la Chine se réveille ». Il fallait un mot avant les deux points et l'allusion au livre d'Alain Peyrefitte, gloire du *Figaro* d'autrefois. *Social* faisait l'affaire à peu de frais et sans aucun sens.

Social(e) est un mot ancien qui a longtemps signifié de façon neutre : qui appartient à, ou relève de la société[2]. C'est ainsi que dans *Le Contrat social* Rousseau parle de lien social, de pacte social ; qu'en avril 1791, dans le mémorable discours « sur le marc d'argent » (contre le suffrage censitaire), Robespierre demande : « Est-ce donc pour que vous laissiez tomber nonchalamment, dans cette constitution, des vices essentiels qui détruisent les premières bases de *l'ordre social,* que vingt-six millions

1 – Patrice Guéniffey, *La Politique de la Terreur, essai sur la violence révolutionnaire, 1789-1794*, Paris, Fayard, 2000, p. 339.

2 – L'usage le plus ancien, directement dérivé du latin *socialis*, désigne ce qui est en relation avec les alliés. Il n'en reste plus que le nom de Guerre sociale (*Sociale bellum*) pour désigner la guerre de la république romaine contre ses alliés du Latium qui réclamaient le droit de cité.

d'hommes ont mis entre vos mains le redoutable dépôt de leurs destinées ? » ; que dans *Le Libérateur* du 2 février 1834 Auguste Blanqui écrit : « Qu'il advienne ce qu'il voudra de cette plate bouffonnerie qu'on appelle si pompeusement nos institutions, nous n'en avons guère souci, nous, qui sommes profondément indifférents à la forme, et qui allons droit au fond de la société. Si en effet, nous nous disons républicains, c'est que nous espérons de la république une *refonte sociale* que la France réclame impérieusement et qui est dans sa destinée[1]. »

Ce sens de « social » n'a pas tout à fait disparu et l'on en trouve dans la LQR des formes abâtardies : la *fracture sociale* de la campagne chiraquienne de 1995, le plan de *cohésion sociale* de Jean-Louis Borloo, ministre « issu de la société civile » (*Le Monde*, 15 septembre 2004), puisque « sa première vie est celle d'un avocat d'affaires, expert du droit des faillites et de la reprise d'entreprises en difficulté », ce qui n'était peut-être pas une mauvaise préparation à ses fonctions actuelles. Son plan comporte, entre autres merveilles, le « contrat d'avenir », qui fait suite comme le remarque *Libération* (14 décembre 2004) au TUC (travail d'utilité collective), au CES (contrat emploi-solidarité) et au CEC (contrat d'emploi consolidé), ingénieuses trouvailles toutes destinées au *traitement social du chômage*.

Le malaise sur « le social » s'exprime parfois fort doctement : Pierre Rosanvallon, qui fut à l'origine de la fondation Saint-Simon et qui représente au Collège de France la tendance intellectuelle du néolibéralisme, distingue dans

1 – Robespierre, *Pour le bonheur et pour la liberté, discours*, Paris, La Fabrique, 2000, p. 78, et Louis Auguste Blanqui, *Œuvres I*, Dominique Le Nuz (éd.), Presses universitaires de Nancy, 1993, p. 261 (souligné par moi).

un article intitulé « L'Europe sociale ou sociétale ? » trois grandes catégories : « le social-redistributif, le social-régulateur et le social-protecteur » – ce dernier est jugé essentiel, car « si l'ancien droit du travail mettait l'accent sur la défense du syndicat considéré comme l'expression d'une classe homogène, le nouveau droit du travail s'attache plus directement à protéger les individus, chacun étant l'expression d'une particularité » (*Le Monde*, 8 décembre 2004) : la protection sociale, palissade pour clore le terrain vague où l'on met à la casse la notion de collectif.

Au fil du temps, d'autres branches se sont greffées sur ce tronc principal du « social ». L'une d'elles remonte à la seconde moitié du XIXe siècle : la *république sociale – la Sociale* tout court chez Vallès, Lissagaray, Montéhus – c'était le peuple au pouvoir. Avec la démission internationale des socialistes à l'été 1914 et l'abandon de l'idée de révolution par les dirigeants du mouvement ouvrier français autour de 1930, ce sens-là a fait place à l'acception aujourd'hui dominante, où *social* se rapporte à ce qui est réalisé pour faire accepter leur sort aux catégories les plus « modestes », les plus « défavorisées », non plus du peuple mais de la *population.* « Si le terrorisme ne réussit pas à casser la formidable dynamique de l'économie mondiale en cours et si la lutte contre la pauvreté réussit à donner aux plus pauvres quelques moyens d'espérer... » : ainsi débute la chronique de Jacques Attali dans *L'Express* du 20 septembre 2004. Ne nous laissons pas prendre à l'apparence d'ironie : l'ancien directeur de la Banque européenne de développement est sérieux, si l'on peut dire[1]. L'époque s'y

1 – On se souvient qu'il fut fermement écarté de ce poste pour avoir abusé du marbre, de la moquette et des frais somptuaires.

prête, où resurgit – chez George W. Bush, Dominique de Villepin et Nicolas Sarkozy entre autres – le mot de *compassion* que l'on aurait pu croire enterré avec les romans de George Sand. C'est précisément « pour donner aux plus pauvres quelques moyens d'espérer » qu'il y a des travailleurs sociaux, des logements sociaux, des prestations sociales, du dialogue social entre partenaires sociaux – et que la « gauche » réclame une « Europe sociale », sans jamais dire d'ailleurs de quoi elle serait faite.

Il y a aussi malheureusement des cas sociaux, pour lesquels même les travailleurs sociaux ne peuvent pas grand-chose. Et pour faire bonne mesure, les plans sociaux, qui sont une autre façon de dire « licenciements collectifs », et les chantiers sociaux, qui sont en général des chantiers de démolition (« l'un des vastes chantiers sociaux de l'automne, le toilettage du droit du travail » – *Le Journal du dimanche*, 19 septembre 2004 – entendez *l'assouplissement* des procédures de licenciement[1], avec entre autres une nouvelle définition du licenciement économique incluant la « sauvegarde de la compétitivité de l'entreprise », c'est-à-dire tout ce qu'on voudra).

Parallèlement à ce social compassionnel, la LQR abonde en exemples où le mot est employé sans véritable sens, sinon tautologique. « La jungle sociale est synonyme de recul » (Jean-Pierre Raffarin, entretien dans *Le Figaro Magazine*, 4 septembre 2004) ; « La crise qui a secoué le monde de la recherche est porteuse d'une grande espérance. Elle recèle en germe la promesse d'un pacte renouvelé entre chercheurs et citoyens. D'un nouveau “contrat

1 – *Le Figaro Entreprises*, 13 décembre 2004 : « L'assouplissement des procédures de licenciement inscrites dans la loi Borloo facilitera les restructurations. » Évidemment.

social" » (*Le Monde*, 1er juillet 2004) ; « Être réformiste dans le cadre d'un capitalisme mondialisé consiste à rechercher un compromis social dans un sens qui cesse de défavoriser le travail au profit du capital » (Zaki Laïdi, politologue, *Libération*, 1er octobre 2004).

Comme beaucoup de Parisiens, j'ai reçu une lettre signée du député de l'arrondissement, adjoint au maire de Paris chargé entre autres de la prévention et de la sécurité : « Ainsi que s'y était engagé le maire de Paris dès 2001, plusieurs dispositifs de *médiation sociale* ont été mis en place dans la capitale. En ce qui concerne plus particulièrement votre quartier, la Ville de Paris et la mairie du XIXe arrondissement travaillent depuis de nombreux mois à la création d'un service de correspondants de nuit. » Ces correspondants, dont il est bien précisé qu'ils ne sont pas des policiers, ont pour mission d'assurer « une présence nocturne, une *veille technique et sociale* sur le quartier ». Nous voilà rassurés.

Dans le cas de *modernité*, le brouillage du sens se fait par un procédé différent : la novlangue joue sur l'imprécision du mot pour l'utiliser dans deux directions diamétralement opposées. Tantôt la modernité est présentée comme un idéal qui suppose, pour être accessible, que soient intériorisées les précieuses *valeurs occidentales*. Ce qui exclut d'emblée, hélas, les pays « arabo-musulmans ». Les bonnes âmes s'interrogent : ces malheureuses contrées pourront-elles un jour accéder à la modernité ou bien leur religion est-elle ontologiquement incompatible avec elle ? Pour Renan déjà, l'incapacité à séparer le temporel du spirituel faisait de l'islam une régression. Avec la « lutte antiterroriste », régression rime avec agression. Dans un pseudo-QCM publié dans *Libération* (23 juillet 2004), on demandait : qui a dit « La deuxième évangélisation n'est plus la modernisation de l'islam mais l'islamisation de la modernité » ? Réponses proposées : Tariq Ramadan, Dalil Boubakeur et Gilles Kepel – je soupçonne que la troisième est la bonne, mais poser une telle question est déjà révélateur. *Que s'est-il passé ?* demande lui aussi Bernard Lewis, islamologue anglais très célèbre en France, conseiller de Paul Wolfowitz, dans l'un de ses derniers livres sous-titré *L'islam, l'Occident et la modernité*, ce qui en dit assez dès la couverture[1].

Tantôt au contraire la modernité est présentée comme une sorte de malédiction, le moteur des grands désastres qui vont des massacres de Septembre dans les prisons parisiennes en 1792 à la Kolyma et à Auschwitz. Elle est à l'origine des difficultés de la cité actuelle : les *jeunes* tentés par le *nouvel antisémitisme* présentent tous « des traits communs : la perte de repères traditionnels, la frustration sociale liée à un contact brutal et sans cohérence avec la modernité, la destruction des liens familiaux[2] ». C'est que la modernité est fille des Lumières, dont elle a tiré la passion de l'égalité et le culte immodéré de la raison qui sont à l'origine de nos malheurs, selon une relation modernité-catastrophe

1 – Paris, Gallimard, Le débat, 2002. La thèse du livre est que les malheurs actuels des pays musulmans sont liés à leur « faiblesse interne », laquelle est inséparable d'une religion qui les tient à l'écart de la modernité et de la démocratie.

2 – Jean-Christophe Rufin, « Écrivain, médecin et responsable de nombreuses associations d'aide humanitaire » dans *Le Figaro* du 19 octobre 2004 (souligné par moi). Humanitaire musclé, qui préconise dans un rapport officiel « une répression vigoureuse, notamment à l'école où les affaires doivent être judiciarisées » et un texte de loi réprimant spécifiquement les accusations d'apartheid et de racisme portées contre Israël.

fondée sur une lecture biaisée de Theodor Adorno et de Walter Benjamin[1].

Ceux qui instruisent le procès de la modernité comme désastre lui reprochent entre autres de s'attaquer à « notre » système d'enseignement. Dans *Le Point* (30 septembre 2004), Marc Fumaroli signe un article intitulé « Une éducation à revoir » : « La prudence voulait que l'on ne sacrifiât pas le meilleur de l'ancien système, qui avait fait ses preuves, mais qu'on l'étendît en l'adaptant et en le diversifiant. Au lieu d'une évolution, on a eu une révolution permanente qui a touché les points forts de l'ancien système, le primaire et le secondaire, tout en compliquant son point faible, les universités. Certains doctrinaires de cette révolution ont affirmé, au nom d'une histoire de l'éducation sans réplique, que du passé élitiste de l'école il fallait faire table rase [...]. L'école, que diable ! doit s'ouvrir au "monde", alléger ses horaires d'étude, substituer à trop d'exercices la créativité des loisirs, et enseigner chemin faisant la citoyenneté. Brochant sur le tout, l'informatique et l'Internet pour tous, instruments pourtant aussi favorables aux anciens apprentissages qu'aux nouveaux bouillons de culture, ont paru

1 – De Benjamin, on cite souvent « le "moderne" comme temps de l'enfer », que l'on transforme en « la modernité c'est l'enfer » alors que la suite du paragraphe révèle une intention toute différente : « Le visage du monde ne se modifie jamais dans ce qu'il y a de plus nouveau, cette extrême nouveauté demeure en tous points identique à elle-même. C'est cela qui fait l'éternité de l'enfer » – ce qui est une critique non pas de la modernité mais de la notion de rupture historique. On la retrouve un peu plus loin : « Avoir conscience de façon désespérément lucide de se trouver dans une crise décisive est un phénomène chronique dans l'histoire de l'humanité. Chaque époque se sent inéluctablement vouée à être un âge nouveau. Mais le "moderne" est aussi varié que les différents aspects d'un même kaléidoscope » (Walter Benjamin, *Le Livre des passages*, trad. fr. Jean Lacoste, Paris, Éditions du Cerf, 1989, pp. 560 et 562).

apposer le sceau de la modernité sur la nouvelle et pimpante époque, amnésique de l'ancienne. » Étrange réquisitoire, où sont cités pêle-mêle comme témoins Léon Trotski, Eugène Pottier et Bernard Pivot.

Autre élément à charge dans le dossier antimodernité, ses liens avec les avant-gardes européennes et les mouvements d'émancipation qui secouèrent autrefois l'Allemagne et la jeune Russie des Soviets. Jean Clair, directeur du musée Picasso, rejette « cette esthétique du faux et du clinquant, du brillant et du plaqué, qui sera l'esthétique du moderne[1] ». Pour lui, « dans leur aspiration à un monde meilleur dont [les avant-gardes] croient précipiter la venue, elles s'appuient simultanément sur la tradition matérialiste de la Révolution issue du siècle des Lumières, que le communisme est supposé porter à son terme, et sur les croyances qui prêchent le salut de l'être humain à travers le culte des morts et l'invocation des esprits[2] ». Et dans l'atelier d'André Breton, rue Fontaine, « dans ce mélange sans connaissance mais souvent aussi sans grâce, de la plume d'Indien, du masque nègre, du dessin d'aliéné, de l'œuvre d'art, de l'objet trouvé, du "*ready made*" plus ou moins "assisté", ce qui se montre, c'est la déroute d'un savoir qui avait, en Occident, pendant quatre siècles, lentement ordonné et l'art et ses productions[3] ».

Défaite de la pensée, déroute du savoir, la modernité constitue en outre un obstacle au retour du sacré et de la transcendance : « Peut-il même exister une "grandeur

1 – « Le puits et le pendule », *Le Débat*, n° 44, pp. 120 et 125, cité par Henri Meschonnic in *Modernité modernité*, Paris, Gallimard, Folio essais, 2000, p. 201.

2 – *Du surréalisme considéré dans ses rapports avec le totalitarisme et aux tables tournantes*, Paris, Mille et une nuits, 2003, pp. 51-52.

3 – *Ibid.*, p. 72.

moderne”, une beauté moderne ? La grandeur n’est-elle pas liée de manière indissociable à la représentation d’un univers transcendant, extérieur aux individus et pour cette raison même imposant ? [...] L’avenir de l’art contemporain ne réside plus, cela au moins est certain, dans la répétition vide et morne du geste de la rupture avec la tradition en tant que telle, mais peut-être dans la recherche d’une expression des nouveaux visages du sacré à visage humain, de cette transcendance dans l’immanence qui seule désormais convient à un monde démocratique[1]. »

Dans la novlangue la plus distinguée, la boucle est bouclée. Comme l’écrit Lyotard, il y a « dans les invitations multiformes à suspendre l’expérimentation artistique, un même rappel à l’ordre, un désir d’unité, d’identité, de sécurité, de popularité[2] ». L’art c’est l’art occidental, représentatif et transcendantal. Pas question de descendre dans la rue avec les nègres et les aliénés.

Si la LQR dispose ainsi d’une modernité réversible, idéal ou épouvantail selon le propos et le public, la *modernisation*, elle, est toujours présentée comme un *processus* indispensable pour éviter le déclin, l’entropie menaçante : « Nous avons attendu avec espoir, puis avec impatience et maintenant nous exprimons fortement notre exigence de modernisation dans le cadre de l’entreprise française » (Ernest-Antoine Seillière, *Entreprendre*, n° 189). Jean-Pierre Le Goff a étudié le vocabulaire

1 – Luc Ferry, *Le Sens du beau, aux origines de la culture contemporaine*, Paris, Le Livre de poche, Biblio essais, 2002, pp. 303 et 309.

2 – *Le Postmoderne expliqué aux enfants*, Paris, Galilée, 1988 ; Le Livre de poche, Biblio essais, p. 13.

modernisateur de l'entreprise[1]. La direction d'EDF-GDF met à la disposition de ses centres des outils « d'assistance à l'élaboration de bilans de compétences et de comportement », sous forme de deux logiciels. L'un, qui porte le nom d'« Orient Expert », s'adresse à ceux qui « plafonnent dans leur emploi, qui aspirent à un changement et qui souhaitent bâtir avec l'aide des Conseillers en Orientation Professionnelle d'Unité et leur hiérarchie un projet professionnel ». L'autre, baptisé PerformanSe, se présente comme « un système expert produisant la description de la personnalité d'un individu à partir de son auto-évaluation ou de l'observation de tiers [...]. Une arborescence complexe du logiciel ainsi qu'un travail fouillé, coproduit par le CNRS et un groupe de psychologues du comportement, conduit à sélectionner les éléments de personnalité parmi les 3 800 pages de traits de caractère mémorisés dans l'outil ».

Ce discours est à prendre au sérieux. Dans la stratégie du maintien de l'ordre, son but est double : faire croire que la modernisation est un processus mené dans l'intérêt de tous et qu'il n'y a ni raison ni moyen de s'y opposer ; et masquer le fait inquiétant que, parmi l'« élite dirigeante », personne ne sait où l'on va.

---

1 – *La Barbarie douce, la modernisation aveugle des entreprises et de l'école*, Paris, La Découverte, 1999. Les citations qui suivent sont extraites de ce livre.

3

L'esprit du temps

SOCIÉTÉ CIVILE

De la langue nazie, Jean-Pierre Faye écrit : « Le plus étonnant, c'est que *ses inconséquences mêmes la servent* : car celles-ci jouent également dans le champ qui les a produites, elles tendent, dirait-on, à le recharger[1]. » La LQR ne craint pas, elle non plus, l'inconséquence. C'est ainsi que, d'une part, on exalte la démocratie parlementaire et le mode de gouvernement qui lui est propre, et d'autre part et simultanément on célèbre les vertus de la *société civile* sans se soucier de la contradiction que recèle cette double promotion. « Société civile » est une expression ancienne que l'on trouve en France chez Bossuet, chez Montesquieu, chez Rousseau, avec pour « civile » le sens neutre de *civitatis*, « de la Cité » (avec un C : dans une note du *Contrat social*, Rousseau précise : « Le vrai sens de ce mot s'est presque entièrement effacé chez les modernes ; la plupart prennent une ville pour une Cité et un bourgeois pour un Citoyen[2] »). Jusqu'à la fin du XVIIIe siècle, en Angleterre et en France, la « société civile » se confond avec la « société » tout court. Michel Foucault, dans sa leçon du 4 avril 1979, identifie la pre-

1 – *Le Langage meurtrier*, Paris, Hermann, 1996, p. 81. Les italiques sont de l'auteur.

2 – *Le Contrat social*, I, VI, Paris, Garnier-Flammarion, p. 57.

mière apparition de l'opposition société civile/gouvernement chez Thomas Paine : « La société est un patron [au sens anglais : un protecteur], le gouvernement est un punisseur. En toutes circonstances, la société est une bénédiction. Le gouvernement n'est au mieux qu'un mal nécessaire, au pire il est intolérable[1]. » Plus tard, Karl Marx réglera son compte à la dualité État-société civile : « L'État politique se comporte envers la société civile [*bürgerliche Gesellschaft*] d'une manière aussi spiritualiste que le ciel envers la terre. Il se trouve envers elle dans la même opposition, il en vient à bout de la même manière que la religion surmonte la limitation du monde profane, c'est-à-dire qu'il est de nouveau contraint de la reconnaître, de la rétablir et de se laisser lui-même dominer par elle. Dans sa réalité la plus immédiate, dans la société civile, l'homme est un être profane. Et c'est justement là où, à ses propres yeux et aux yeux des autres, il passe pour un individu réel, qu'il est une figure sans vérité. En revanche, dans l'État, où il est considéré comme un être générique, l'homme est le membre imaginaire d'une société illusoire, dépouillé de sa vie réelle d'individu et empli d'une universalité irréelle[2]. »

La LQR rétablit un divorce qui sert les intérêts dominants. Elle désigne par « société civile » *tout ce qui n'appartient pas au monde politique*, à l'univers étatique, et même s'oppose (positivement) à eux : associations, ONG, syndicats, individus jouant un rôle public du fait de leur type d'action ou de leur métier. « Le premier élé-

1 – Thomas Paine, *Common Sense Adressed to the Inhabitants of America*, Philadelphie, W. and T. Bradford, 1776. Cité par Michel Foucault, *Naissance de la biopolitique*, *op. cit.*, p. 314.

2 – *Sur la question juive*, *Philosophie*, Paris, Gallimard, Folio, pp. 58-59.

ment qui me semble parcourir toute cette thématique générale de la phobie d'État, disait Foucault, c'est donc cette puissance intrinsèque de l'État par rapport à son objet-cible que serait la société civile[1]. »

Faire la promotion de la société civile, toujours présentée comme honnête, efficace, désintéressée, c'est admettre du même coup la décrépitude d'une « politique » fondée sur les jeux parlementaires et l'activité des partis, c'est reconnaître que les « représentants du peuple » ne représentent plus rien de connaissable. Ce qui expose parfois à d'étranges contorsions : « M. Bernard Kouchner, secrétaire d'État à l'action humanitaire, a annoncé dimanche 12 mai [1991] son intention de créer un mouvement qui s'appellera "Société civile". "L'invention politique ne se fait pas dans les partis. Elle se fait dans la société civile et dans les associations. [Ce mouvement] apportera à la politique ce retour à la noblesse dont elle a besoin" » (*Le Monde*, 14 mai 1991). On peut se demander s'il est bien raisonnable d'occuper une place ministérielle dans un système gouvernemental où l'on ne cultive ni l'invention politique ni la noblesse. Mais derrière ces intentions se dessinent par transparence les arguments en faveur du « moins d'État » libéral et se reconnaît « le paradoxe qui fait valoir sous le nom de démocratie la pratique consensuelle d'effacement des formes de l'agir démocratique[2] ».

Protagoniste d'une forme extrême de cet effacement, Vladimir Poutine fit usage de la notion de société civile pour rassurer l'opinion après son coup d'État de l'été 2004 : « Contrepartie de ce renforcement de la "verticale du pouvoir" [admirable euphémisme], *une plus grande participation de la société civile* a été évoquée par le prési-

1 – Leçon du 7 mars 1979, in *Naissance de la biopolitique*, *op. cit.*

2 – Jacques Rancière, *La Mésentente*, Paris, Galilée, 1995, p. 142.

dent russe. Des "forums de l'opinion publique" pourront être créés, qui seront consultés par le pouvoir, notamment sur des projets de loi en cours d'élaboration » (*Le Monde*, 15 septembre 2004. Souligné par moi).

Croire aux capacités d'opposition de la société civile face au pouvoir, y trouver selon les termes de Foucault « cette réalité qui s'impose, qui lutte et qui se dresse, qui s'insurge et qui échappe au gouvernement, ou à l'État, ou à l'institution[1] », c'est méconnaître qu'il s'agit en réalité d'un relais dans la technologie moderne du pouvoir. Le gouvernement lui-même, par médias interposés ou directement, cherche à promouvoir l'idée d'une société civile qui lui ferait contrepoids. Personne ne s'étonne ni ne dénonce une confusion des genres en apprenant qu'« une semaine avant l'arrivée de Sarkozy à la tête de l'UMP, le ministre de la Justice, Dominique Perben, a annoncé qu'il allait réactiver le club Dialogue et Initiative, fondé par Raffarin, Michel Barnier, Jacques Barrot et lui-même en 1999. Objectif: "Dialoguer avec la société civile" et recruter 20 000 membres d'ici à 2007 » (*Libération*, 20 novembre 2004). Le même journal indique sans commentaires qu'« à l'initiative de l'institut Fernand-Braudel, un *think tank* de São Paulo, la mairie, la police et la société civile se réunissent chaque mois pour définir les moyens de lutte contre la violence » (29 septembre 2004).

(Dans les pays « en développement » soumis à des régimes dictatoriaux, l'opposition se désigne souvent elle-même comme « société civile », expression qui recouvre alors une tout autre réalité. Edward Said écrit par exemple : « J'ai l'expérience du monde arabe, où la société civile a disparu au cours des vingt ou vingt-cinq dernières

1 – *Naissance de la biopolitique*, *op. cit*, p. 300.

années. Dans des pays comme l'Irak ou la Syrie, il n'y a pas de société civile ; tout, y compris l'université, a été politisé, est devenu partie de la société politique[1]. » Dans ce passage, « société politique » vaut pour « régime de dictature ».)

Dans l'idéalisation de la société civile, les organisations non gouvernementales (ONG) jouent les premiers rôles. Leur popularité remonte à la fin des années 1960 avec les débuts de Greenpeace et de Médecins sans frontières. Mais à notre époque où le « non-gouvernemental » et l'« humanitaire » tiennent une telle place que l'on a même inventé une nouvelle catégorie du droit international, le *droit humanitaire*[2], les ONG sont souvent détournées de leur but. Selon Arundhati Roy, « En Inde, par exemple, le boom des ONG subventionnées a commencé à la fin des années 1980 et dans les années 1990. Il a coïncidé avec l'ouverture des marchés indiens au néolibéralisme. À l'époque, l'État, se conformant aux exigences de l'ajustement structurel, restreignait les subsides destinés au développement rural, à l'agriculture, à l'énergie, aux transports et à la santé publique. L'État abandonnant son rôle traditionnel, les ONG ont commencé à travailler dans ces domaines. La différence, bien sûr, est que les fonds mis à leur disposition ne formaient qu'une minuscule fraction des coupes opérées dans les finances publiques. La plupart des ONG sont financées et patronnées par les agences d'aide au développement qui sont à leur tour financées par les gouvernements occidentaux, la Banque mondiale, les Nations unies et quelques entre-

1 – *Powers, Politics and Culture*, Londres, Bloomsbury, 2004, p. 191 (ma traduction).

2 – Voir le dossier du *Monde* « Guerre contre le terrorisme et droit humanitaire », 30 juin 2004.

prises multinationales [...]. Sur le long terme, elles sont responsables envers leurs donateurs, pas envers les gens parmi lesquels elles travaillent. Plus la dévastation causée par le néolibéralisme est importante, plus elles prolifèrent. Rien n'illustre cela de manière plus poignante que les États-Unis s'apprêtant à envahir un pays et préparant simultanément les ONG à s'y rendre pour nettoyer les dégâts[1] ».

En France, les médias utilisent les ONG et l'humanitaire pour combler un vide qui n'est pas – en tout cas pas seulement – financier : il s'agit de fournir à la démocratie libérale le « supplément d'âme » dont elle a, paraît-il, besoin. Certes, le doute s'est insinué chez certains devant les bombardements humanitaires de l'ex-Yougoslavie et la récupération par le social-libéralisme d'associations comme SOS Racisme ou Ni putes ni soumises. Il n'empêche : la LQR continue à promouvoir la société civile et à prôner la rédemption par l'humanitaire.

VALEURS UNIVERSELLES

Une autre inconséquence spécifique de la langue de la Ve République est la façon dont elle exalte les *valeurs universelles* dont la France est supposée porteuse. Les valeurs, l'universalisme français reviennent sans cesse dans les propos officiels récents. Dans un entretien avec les lecteurs du *Parisien* (13 septembre 2004), Dominique de Villepin évoque « nos valeurs partagées », « la fidélité à nos valeurs et à la démocratie ». Le soir du référendum constitutionnel, prenant la parole sur les chaînes publiques en tant

1 – Conférence donnée à San Francisco le 16 août 2004 (*Le Monde diplomatique*, septembre 2004).

que ministre de l'Intérieur, il conclut : « Il est essentiel de mesurer les attentes et les aspirations du peuple français et de nous rassembler autour des valeurs de la République. » D'après l'article 1-2 du projet de traité constitutionnel rejeté ce jour-là, « L'Union [européenne] est fondée sur les valeurs de respect et de dignité humaine, de liberté, de démocratie, d'égalité, de l'État de droit ainsi que du respect des droits de l'homme, y compris des droits des personnes appartenant à des minorités, dans une société caractérisée par le pluralisme, la non-discrimination, la tolérance, la justice, la solidarité et l'égalité entre les femmes et les hommes ».

Les éléments de ce vertueux catalogue sont recyclés à l'infini. Ainsi, quand Jean-Pierre Raffarin, alors Premier ministre, annonce la fondation de la « Cité nationale de l'histoire de l'immigration » dans le bâtiment construit à la porte Dorée par Albert Laprade pour l'Exposition coloniale de 1931, il fait l'éloge de la France « fidèle à son histoire et à ses valeurs de tolérance et d'universalisme », estimant qu'un Français aujourd'hui, « c'est un citoyen qui a en partage ces valeurs [la liberté, l'égalité, la fraternité], qui croit en l'universel, et qui pense et raisonne dans notre langue, notre langue qui est le vecteur même de notre civilisation » (8 juillet 2004). Jacques Chirac, dans l'allocution devant les militantes de Ni putes ni soumises dont j'ai déjà parlé, prononce *cinq fois* « valeurs de la République » en moins de trois pages et, sur la lancée, il vantera à Hongkong les « valeurs démocratiques » du régime qui sévit sur ce territoire (*Le Monde*, 14 octobre 2004).

Théoriciens et journalistes du maintien de l'ordre puisent eux aussi dans la boîte des valeurs républicaines et universelles. *Le Figaro* du 17 novembre 2004 indique par exemple que « dans le "socle" proposé par le rapport

Thélot sur l'avenir du système scolaire, seront dispensées une culture humaniste et scientifique ainsi que les valeurs de la République ». (*Socle* est un mot qui se répand aujourd'hui dans la LQR comme une amanite en automne. « Quel est le socle commun sur lequel croyants et non-croyants peuvent s'entendre ? » demande Mgr Jean-Pierre Ricard, président de la Conférence des évêques de France, dans un entretien publié dans *Le Monde* du 17 juin 2005.)

À l'Assemblée nationale, le 10 décembre 2004, Christine Boutin dénonce la menace *queer* contre l'universel : « La France en vient peu à peu à renier les principes qui ont fait sa grandeur. C'est la traduction insidieuse de l'idéologie du *gender*, influente à l'ONU et au Parlement européen, qui remet en question la différence sexuelle comme fait objectif et universel sur lequel repose l'organisation sociale ! [...] Basculer dans la reconnaissance de désirs subjectifs et individuels, c'est attenter aux bases mêmes de notre système normatif. » Plus prosaïque, Nicolas Sarkozy s'en tient aux valeurs euroméditerranéennes. En visite en Israël, il prononce un discours à la conférence d'Herzliya (16 décembre 2004) : « Nous partageons la même mer : la Méditerranée. Vos valeurs sont celles des Européens. Vous êtes plus proches de nous culturellement que de certains de vos voisins » (lesquels ?).

La mort de Derrida – qui était tout sauf un porteur de valeurs – a permis aux officiels de broder élégamment sur le thème. Le président de la République l'a traité de « penseur de l'universel », ce qui ne manque pas de piquant, s'agissant du père de la déconstruction ; le Premier ministre a évoqué « sa pudeur et sa volonté de comprendre l'autre » (*l'autre*, souvent orthographié *l'Autre*, est un personnage fréquemment rencontré quand il est question de valeurs) ; le ministre de la Culture et de la Communication a indiqué qu'il « a su allier la grande tradition philosophique à des sources plus mystérieuses, plus silencieuses, notamment en puisant dans la pensée juive, son legs familial ».

Après Sartre, après Foucault, après Deleuze, on pouvait espérer en avoir fini avec l'exploitation des *valeurs universelles*. Qu'elle soit devenue quotidienne et éhontée représente un cas du symptôme déjà décrit qui consiste à se féliciter pour ce qu'on possède le moins, pour ce qu'on est le moins. La France *pays des droits de l'homme*, la France *terre d'accueil*, ces expressions récurrentes n'ont été justifiées qu'à des moments historiques très courts : quelques mois pendant la Révolution, quelques semaines pendant la Commune de Paris – dont le ministre du Travail était Leo Frankel, un ouvrier allemand, et qui avait confié à deux immigrés polonais la conduite de ses combattants[1]. Le reste du temps – c'est-à-dire, en somme, presque tout le temps –, les étrangers ont été au mieux harcelés et au pire persécutés, le régime de Vichy et le pouvoir actuel étant allés jusqu'à punir sévèrement l'hébergement de ceux qui étaient/sont en situation « irrégulière ». Villepin, auteur d'un livre que la critique aux ordres a qualifié d'humaniste[2], souhaite parvenir à « 20 000 *éloignements* [admirez l'euphémisme] d'étrangers en situation irrégulière en 2005 » et insiste pour que

1 – Il s'agissait de Dombrowski, qui sera tué sur une barricade rue Myrha, et de Wroblewski, qui conduisit la contre-attaque de la Butte-aux-Cailles et parvint à s'échapper. « Thiers, la bourgeoisie, le Second Empire avaient continuellement trompé la Pologne par de bruyantes professions de sympathie, tandis qu'en réalité ils la livraient à la Russie dont ils faisaient la sale besogne. La Commune a fait aux fils héroïques de la Pologne l'honneur de les placer à la tête des défenseurs de Paris » (Karl Marx, *Adresse au Conseil général de l'Association internationale des travailleurs*, Londres, 30 mai 1871).

2 – *Le Requin et la Mouette*, Paris, Plon, 2004.

les préfets s'assurent de « la validité des certificats d'hébergement » (*Le Monde*, 10 décembre 2004). Ma famille et moi-même devons notre survie à des fonctionnaires de la mairie de Marseille qui ont pris le risque, en 1943, de ne pas obéir à pareilles injonctions.

Pendant les soixante-dix ans de la IIIe République – entre la répression de la Commune sous l'œil des Prussiens et la reddition au Maréchal en juin 1940 à Bordeaux –, il était plutôt question de la *mission civilisatrice* de la France. Je me souviens d'avoir reçu autrefois, à une distribution des prix, des livres d'une collection qui s'appelait « 110 millions de Français ». L'expression est aujourd'hui comique, mais les manuels scolaires continuent à maintenir l'équilibre entre crimes et « bienfaits » de la colonisation française, toujours présentée comme plus humaine que les autres, celle de Léopold au Congo, du Kaiser chez les Herreros, des Anglais en Inde. Dans le discours de Raffarin au futur musée de l'immigration, la seule allusion au fait que « l'épopée coloniale » n'a pas toujours été une idylle tient en une phrase d'une absolue symétrie : « La colonisation et la décolonisation font partie de notre histoire, avec les ombres et les lumières, les réalisations et les drames atroces, le bonheur et les guerres. » Gageons que si ce musée voit le jour, on n'y verra pas de salles consacrées aux massacres ordonnés par les généraux dont le nom a été donné à des rues et des avenues dans toute la France, de Bugeaud à Faidherbe, de Lyautey à de Lattre. S'agissant de l'immigration, on n'y évoquera sans doute ni le drame des Indochinois importés de force pour servir de main-d'œuvre dans les usines d'armement pendant la Première Guerre mondiale ; ni la petite île de Poulo-Condor au sud de la Cochinchine, qui servit de lieu d'enfermement et de torture aux militants nationalistes ; ni le sort des « tirailleurs sénégalais » (terme générique pour tous les Africains enrôlés dans les Forces françaises libres) ; ni les Algériens jetés dans la Seine le 17 octobre 1961. Le *devoir de mémoire*, formule due à Mitterrand, me semble-t-il, et répandue depuis dans la LQR, correspond à une forme de négationnisme : n'oublions pas les malheurs que nous avons subis, mais maintenons autant qu'il est possible le silence sur nos propres forfaits.

LES NOBLES SENTIMENTS

« À certains moments, il faut savoir charmer ; à d'autres, en imposer. » Cet aphorisme d'Édouard de Rothschild – « patricien soucieux du débat public », successeur de Jean-Luc Lagardère à la présidence de France Galop et actionnaire de référence de *Libération*[1] – illustre le procédé typiquement LQR consistant à présenter les « élites dirigeantes » comme une sorte de bon papa collectif, sévère mais bienveillant, fermement décidé à faire régner la justice pour le bonheur des populations.

Côté père Fouettard, le vocabulaire est abondant et varié. On est *déterminé* : « La France continuera à opposer une détermination sans faille à toutes les formes de terro-

1 – *Le Journal du dimanche*, 5 décembre 2004. La prise de participation d'un Rothschild dans le journal fondé par Jean-Paul Sartre marque le stade final d'une évolution dont Guy Hocquenghem décrivait déjà le début en 1986 (*Lettre ouverte à ceux qui sont passés du col Mao au Rotary*, rééd. avec une préface de Serge Halimi, Marseille, Agone, 2003). Dans son éditorial du 3 décembre 2004, Serge July écrivait que « son investissement [celui de Rothschild] dans *Libération* sera son premier pas de patricien soucieux du débat public et du rôle irremplaçable qu'y joue la presse quotidienne écrite et payante ». Sur ce sujet, voir Pierre Rimbert, Libération *de Sartre à Rothschild*, Paris, Raisons d'Agir Éditions, 2005.

risme », annonce le président de la République dans une intervention télévisée après la libération des journalistes otages (22 décembre 2004). On est *résolu*, *responsable*, *courageux*. « Il faut avoir le courage de poser la question des procédures d'éloignement [entendez : d'expulsion] », affirme Nicolas Sarkozy dans un article du *Monde* intitulé « Pourquoi des sans-papiers ? » (18 janvier 2003 – aucun humour décelable dans ce titre). On sait faire preuve de *rigueur* et de *fermeté* : « Invité du journal télévisé de 20 heures sur TF1, le ministre de l'Intérieur, Jean-Louis Debré, a réitéré ses propos de fermeté, précisant une nouvelle fois qu'"il n'y aura pas de régularisation" [des sans-papiers] » (*Le Monde*, 18 août 1996). François Fillon, on l'a vu, s'était engagé à « une fermeté absolue » envers les jeunes filles qui se présenteraient à la rentrée scolaire avec un foulard sur la tête (France Inter, 8 juillet 2004).

Les réactions doivent être rapides, *en temps réel* – curieuse expression de la LQR : que pourrait bien être une réaction en temps virtuel ? Contre les faucheurs d'OGM, une circulaire de Dominique Perben, garde des Sceaux, demandait aux magistrats (4 juin 2004) « de veiller à ce que les auteurs de tels faits, dès lors qu'ils auront été identifiés et appréhendés par les services d'enquête, soient poursuivis avec rigueur et fermeté, en tenant compte de leur personnalité, *suivant les voies de traitement en temps réel*, sous les qualifications pénales les plus adaptées aux faits de l'espèce ». (La manière dont il sera tenu compte de la personnalité des délinquants n'est pas précisée.) On est bien décidé à une *tolérance zéro* contre tout manquement à l'ordre républicain. On n'accepte plus ces *zones de non-droit* où même la police n'ose plus aller. On combat toutes les *démissions* – de la famille, de l'école, de la justice –, tous les *laxismes* conduisant à *la fin de l'autorité*.

Il ne manque pas de bons esprits pour déplorer cette fin, dont ils trouvent les prémisses dans la « pensée 68 ». Ainsi Alain Renaut, grand pourfendeur de cette pensée (représentée par Michel Foucault, Pierre Bourdieu, Jacques Derrida et autres fossoyeurs de l'autorité[1]), prend-il position sur le carcéral : « Si chacun ou presque voit sans difficulté, aujourd'hui, que la privation de liberté, sous la forme de l'incarcération, n'est pas forcément la solution la plus appropriée, on commence aussi à apercevoir que l'attitude qu'induisait la déconstruction de la pénalité moderne n'est pas non plus, en ouvrant souvent sur une simple dénonciation de "l'État pénal" comme tel, celle qui, de toute évidence, risque de s'avérer la plus féconde. À déculpabiliser en effet le criminel, à psychologiser ou à sociologiser son acte, on ne l'aide aucunement à se reconstruire une volonté responsable, bref à construire une subjectivité qui lui a en partie fait défaut[2]. » La reconstruction de la volonté et de la subjectivité par la prison, il fallait y penser.

Cependant, ces ministres austères, ces inflexibles journalistes, ces chefs d'entreprise déterminés, ces intellectuels incorruptibles ne doivent surtout pas être mis en scène comme inhumains. L'intitulé même des différents ministères et secrétariats d'État indique déjà toute la sollicitude du pouvoir envers les *couches défavorisées* de la population. C'est ainsi que le gouvernement Villepin, constitué au lendemain du rejet de la Constitution européenne, comprend un ministre délégué à l'Égalité des

1 – Luc Ferry et Alain Renaut, *La Pensée 68*, Paris, Gallimard, Folio, 1988.

2 – *La Fin de l'autorité*, Paris, Flammarion, 2004, p. 224.

chances, un autre à l'Emploi, au Travail et à l'Insertion professionnelle des jeunes, une ministre déléguée à la Cohésion sociale et à la Parité, un autre à la Sécurité sociale, aux Personnes âgées, aux Personnes handicapées et à la Famille. Le précédent gouvernement comportait en outre un secrétaire d'État à la Lutte contre la précarité et l'exclusion. Jeunes et vieux, handicapés, femmes, précaires, familles, exclus et victimes en tout genre[1] ont ainsi un(e) ministre qui veille sur eux depuis les hauteurs de l'exécutif républicain.

La LQR souligne toutes les occurrences où, face à *l'inacceptable*, à *l'intolérable*, à *l'odieux*, ceux qui dirigent et informent le pays se montrent capables, comme vous et moi, d'*émotion*, d'*indignation* et même d'*effroi*. Le 25 mars 2002, à l'occasion d'une grève des conducteurs d'autobus marseillais après une agression, Daniel Bilalian apparaît, bouleversé, au journal de 13 heures de France 2 : « On ne sait plus quel adjectif employer. On pouvait penser à l'impensable survenu la semaine dernière à Évreux, dans un supermarché à Nantes, ou encore à Besançon avec ces deux jeunes filles torturant une troisième… Eh bien à Marseille, c'est autre chose. » Cette « agression » annoncée avec tant d'émotion trois semaines avant l'élection présidentielle était simulée par le chauffeur pour obtenir une mutation. Lors d'une autre agression du même genre, celle de Marie L. et de son bébé dans le RER (9 juillet 2004), survenue comme tous les

1 – Nicolas Sarkozy a créé (16 juin 2005) une « délégation commune à la police et à la gendarmerie chargée de piloter la politique d'aide aux victimes au sein du ministère de l'Intérieur ». Le lendemain, Pascal Clément, ministre de la Justice, a déclaré au *Monde* qu'il avait désigné deux membres de son cabinet « pour s'occuper du problème des victimes ». « Personne, a-t-il précisé, n'a le monopole des victimes. »

médias l'ont souligné « au lendemain du discours hautement symbolique de Jacques Chirac au Chambon-sur-Lignon appelant tous les Français à un "sursaut" face à la montée de l'antisémitisme », le président de la République a « exprimé son effroi » et demandé que les auteurs de « cet acte odieux » soient retrouvés, « jugés et condamnés avec toute la sévérité qui s'impose » (*Le Monde*, 13 juillet). Au lendemain de l'incendie du centre social juif de la rue Popincourt – œuvre d'un pauvre fou, juif de surcroît –, Chirac fait part de sa « profonde indignation », condamne « avec force cet acte inqualifiable » et rappelle « la détermination absolue [la détermination présidentielle est tantôt *absolue*, tantôt *sans faille*] des pouvoirs publics à rechercher les auteurs de ces agissements inacceptables ». Bertrand Delanoë se déplace sur les lieux, où il se déclare *ému* de ces événements qui « interviennent dans un climat malsain et dangereux » (*Le Monde*, 24 août 2004). Jack Lang s'enflamme : « Halte aux beaux discours, aux larmes de crocodile, aux paroles verbales et aux sempiternels regrets ou pleurnicheries, place à l'action. » (Il ne précise pas quel type d'action il envisage.)

Mais c'est bien malgré elles que nos *élites* sont amenées à s'indigner car leur tendance naturelle les porterait au contraire à l'*écoute* bienveillante du peuple enfant – en particulier après le référendum constitutionnel de mai 2005 : « Il faut intégrer une dimension d'écoute. Notre rôle n'est pas uniquement de faire de l'argent, mais d'avoir un minimum de responsabilité dans la société », déclare Hugues Arnaud Meyer, ex-candidat à la succession de Seillière à la tête du Medef (*Le Monde*, 1er juin 2005). Nos dirigeants ne manquent jamais une occasion de manifester leur indulgence pour ceux qui ne sont pas assez éduqués-informés pour comprendre le sens des efforts faits pour leur venir en aide. Leur solidarité avec ceux qui souffrent est sans faille, surtout quand ces derniers sont devenus célèbres. Chirac, quand il apprend la libération de Georges Malbrunot et Christian Chesnot, « interrompt immédiatement ses vacances à Marrakech, où il vient d'arriver ». L'ensemble des médias souligne ce sacrifice en rappelant l'implication personnelle du président tout au long de l'affaire. Vanessa Schneider rappelle que « le 5 mai 1988, il est le premier à se précipiter sur le tarmac de l'aéroport pour serrer les mains de Marcel Carton, Marcel Fontaine et Jean-Paul Kauffmann libérés après trois ans de détention au Liban » et qu'en 1995 « il se rend de nouveau à Villacoublay pour accueillir les deux pilotes français retenus quatre mois en Bosnie après que leur Mirage a été abattu » (« Chirac, professionnel du regard mouillé », *Libération*, 23 décembre 2004. On le retrouvera évidemment six mois plus tard au bas de la passerelle de l'avion rapatriant Florence Aubenas).

Les hommes d'État n'ont pas le monopole du cœur. Les financiers sont eux aussi des âmes sensibles, comme leurs journalistes ne manquent pas de le souligner. Le baron Seillière s'attriste que l'on « attribue facilement à l'entreprise le fait d'être licencieur, pollueur, harceleur, menteur, etc. Le combat pour l'entreprise est un combat pour présenter les valeurs de ce métier qui sont au contraire l'embauche, l'innovation, la formation, la promotion des hommes et des femmes et fondamentalement, la source du progrès et du changement dans la société » (*Entreprendre*, décembre 2004, p. 35). Wendel Investissement, fonds de placement appartenant à Seillière, vient de faire un don de 3,5 millions d'euros à l'Insead, école de management internationale liée au Centre international Wendel pour les entreprises familiales. Mme Priscilla de Moustier, qui assure l'*interface* (mot LQR type), précise : « Nous sommes contributeurs, non seulement financièrement, mais aussi intellectuellement. Le groupe familial fait l'objet d'un cas d'enseignement » (*Le Monde*, 10 décembre 2004). Michel Foucault, dans son cours du 21 mars 1979, expliquait que « les gens qui ont des revenus élevés sont des gens qui détiennent, comme le prouve le caractère élevé de leurs revenus, un capital humain élevé. Et le problème pour eux, c'est de transmettre à leurs enfants non pas tellement un héritage au sens classique du terme, que cet autre élément qui, lui aussi, lie les générations les unes aux autres, mais sur un tout autre mode que l'héritage traditionnel, c'est la transmission du capital humain[1] ».

La politique de la Ville de Paris ruisselle elle aussi de bonnes intentions. Dans sa campagne pour les Jeux à Paris en 2012, le maire a répété qu'il les voulait « populaires, solidaires, écologiques et éthiques », l'accent étant mis sur « des modes de transport propres, des infrastructures conformes aux normes de Haute Qualité Environnementale ainsi que sur le développement durable ». La liste des *sponsors* – Bouygues, Carrefour, Axa, Lagardère, Accor… – laissait prévoir ce qui en aurait été. Bertrand Delanoë précisait que « cette "trace olympique" est aussi synonyme de convivialité et de tolérance accrues : c'est dans cet esprit que nous avons mis l'accent sur l'accessibilité des lieux aux personnes handicapées, car la cité de demain ne doit pas exclure mais au contraire s'enrichir des différences et favoriser leur expression harmonieuse » (éditorial de la revue municipale *À Paris*, novembre-décembre 2004, c'est-à-dire au début d'une vague de froid. Les milliers de personnes qui dorment dans les rues

1 – *Naissance de la biopolitique*, *op. cit.*, p. 250.

de la capitale auront trouvé là une occasion de *s'enrichir de leur différence*).

Parmi les thèmes rassurants destinés à faire contrepoids au discours répressif, la *convivialité* est l'un des plus répandus. Elle est conseillée par voie d'affiches dans les transports en commun parisiens, ce qui n'empêche pas leurs responsables de faire patrouiller dans les couloirs du métro des équipes de sécurité beaucoup plus terrifiantes que la police, avec leurs chiens d'attaque. La SNCF lance le « i-tgv » sur sa ligne Méditerranée : la rame comportera trois espaces, « bien-être », « convivialité » et une voiture « découverte ». Les contrôleurs prendront le nom de « superviseurs ». Dans un terrain vague du XIIe arrondissement transformé en « jardin partagé » de 236 m^2, les bénéficiaires « se sentent frustrés de n'avoir à biner que leur seul enclos malgré la convivialité des soupes collectives régulières » (*Libération*, 13 octobre 2004). Entre la place de la République et la gare de l'Est, à l'automne 2004, on pouvait lire sur des panneaux en regard des travaux : « Afin d'aménager votre quartier en véritable espace de vie convivial et tranquille, la Mairie de Paris va transformer le boulevard Magenta en espace civilisé. » Au premier plan de l'image de synthèse illustrant les travaux terminés, une jeune femme seule, assise sur un banc, semble réfléchir à son prochain suicide. Dans un arrondissement voisin, un panneau de même style précise que les bacs à fleurs par lesquels on s'apprête à défigurer la rue des Rosiers – projet réalisé à l'été 2005 – sont là pour « favoriser une plus grande convivialité dans un environnement végétalisé ». (Je conseillerais volontiers aux pour chasseurs professionnels du « nouvel antisémitisme » de se pencher sur cette végétalisation-là.)

Convivialité de Paris-Plage, de la Nuit blanche, de ce qu'est devenue la Gay Pride, des « espaces civilisés » : le but est de *représenter* une ville propre et joyeuse vivant des expériences festives et communautaires sous l'œil bienveillant de ses édiles de gauche. La sécurité n'est pas pour autant oubliée. David Mangin, « architecte, urbaniste, lauréat du projet de rénovation des Halles de Paris[1] », apporte des précisions sur ce point dans un article prônant la *fluidité* de la ville : « Il n'est pas du tout prouvé qu'un système d'espace public passant (des rues, pour parler simple) avec covisibilité jour et nuit et distribuant des cours, des jardins, des clos, n'apporte pas tout autant une *cosurveillance efficace et citoyenne*, de même que des possibilités d'intervention rapide d'une gendarmerie et d'une police de proximité » (*Le Monde*, 17 juin 2005, souligné par moi). La cosurveillance efficace et citoyenne comme premier temps de la délation ?

UNE SÉMANTIQUE « ANTITERRORISTE »

Pour des raisons tenant à l'histoire et à la culture politique, les suites du 11 septembre 2001 ont été plus graves en France que dans les autres pays européens. Le dispositif policier déjà bien fourni a été renforcé et des lois sécuritaires comme on n'en avait pas vu depuis Vichy ont été votées sans trop de protestations. Mais ces mesures spectaculaires ne sont peut-être pas le plus important de l'affaire. Les mots et syntagmes qui firent alors leur apparition dans la LQR, les modifications de forme et surtout de sens d'expressions anciennes, toute cette dérive aura peut-être un impact plus durable que des décrets, arrêtés

1 – Sur cette rénovation et sur ce projet, voir François Fromonot, *La Campagne des Halles, les nouveaux malheurs de Paris*, Paris, La Fabrique, 2005.

et lois abrogeables du jour au lendemain. C'est que les faits de langage sont plus têtus que les autres, et surtout qu'ils sont performatifs : par leur apparition, ils révèlent des tendances qu'ils contribuent ensuite à renforcer, contaminant par ondes successives d'autres milieux, d'autres castes, d'autres médias.

Ainsi a-t-on vu surgir du magma médiatico-politique une entité nouvelle, l'*arabo-musulman*, qui a gagné en quelques semaines toute la LQR jusque dans ses variantes les plus distinguées. Dans un entretien accordé au *Monde* (28 août 2004), où chaque mot est pesé, Dominique de Villepin, à l'époque ministre de l'Intérieur, laisse échapper une ligne révélatrice : parlant des « actions violentes à caractère antisémite sur les sept premiers mois de l'année », il précise que « cinquante [d'entre elles] ont été commises par des individus *d'origine arabo-musulmane* ». À l'autre bord (si l'on peut dire), Michel Rocard écrit dans *Le Figaro* du 16 novembre 2004 : « Il faut aussi trouver des alliés, *au sein du monde arabo-musulman*, pour triompher des forces de destruction qui s'y donnent libre cours. »

On connaissait les judéo-bolchéviques, les hitléro-trotskistes, mais les arabo-musulmans ? Le succès de la formule repose d'abord sur l'ignorance des Français, dont beaucoup sont convaincus que les Turcs et les Iraniens sont des Arabes et que tous les Arabes sont musulmans. *Arabo-musulman* renforce cette ignorance et favorise l'amalgame de tous les basanés. Elle aide à légitimer la « lutte antiterroriste » dans le métro, les cités, les aéroports. Ceux qui sont fouillés au corps, gardés à vue, reconduits à la frontière, sont-ils des citoyens de la République démocratique algérienne, du Royaume marocain, de la République tunisienne ? Viennent-ils d'ailleurs, Saoudiens, Syriens ou, qui sait, Palestiniens ? Peu importe au fond, ce sont des arabo-musulmans, cible n° 1 de la « lutte antiterroriste ».

Pour récupérer les Arabes citoyens français dans le grand amalgame, on dispose d'un mot plus ancien, *maghrébin*, apparu après l'indépendance pour remplacer *nord-africain* – trop lié à *nordaf*, l'une des expressions méprisantes du bon vieux temps. Que *maghrébin* soit un mot du colonialisme me semble évident pour plusieurs raisons. Il y a la fréquence du fantasme : Marie L., la mythomane du RER dont j'ai parlé plus haut, n'est que l'une des centaines de femmes décrivant leurs agresseurs comme « des jeunes de type maghrébin ». De plus, entre Agadir et Djerba, les gens à qui l'on demanderait « ce qu'ils sont » répondraient sans doute marocains, ou kabyles, ou de Bizerte, ou arabes, mais pas maghrébins. La LQR a remplacé *nord-africain* par l'euphémique *maghrébin* dans les années 1960, moment où elle a abandonné l'euphémisme *israélite* pour désigner le *juif* – évolution croisée qui en dit long sur la place des deux groupes dans la société française.

Comme leurs parents, les fils et filles de *maghrébins* sont désignés en LQR par une expression globalisante : *issu(e)s de l'immigration.* Dans un guide intitulé *Laïcité et enseignement* et distribué par la Conférence des présidents d'universités, Christian Mestre, ancien président de l'université Strasbourg III écrit : « Cette démocratisation [de l'enseignement supérieur] a amené dans les universités des populations qui n'y allaient pas jusque-là, en particulier des jeunes issus de l'immigration qui avaient une autre religion, d'autres pratiques culturelles[1]. » (La ponctuation est révélatrice : un président d'université écrit normalement : « des jeunes, issus de l'immigration, qui avaient… » ; l'absence de virgule après immigration, outre qu'elle est grammaticalement fautive, renforce

1 – *France Soir*, 13 septembre 2004.

l'essentialisation de ces jeunes-là, qui encombrent nos halls d'immeubles, nos centres de rétention, nos prisons.) Dans *L'Express* du 20 septembre 2004, Pierre-André Taguieff s'avance : « La condition de toute action collective contre la "montée de l'antisémitisme" est de reconnaître que l'intégration des jeunes issus de l'immigration a en partie échoué. » Nicolas Weill, pourfendeur journalistique de l'antisémitisme dans sa version estampillée Likoud, parle de « nouveaux acteurs de la haine antijuive, nommément des agresseurs issus des banlieues ou de l'immigration[1] ».

Malgré la xénophobie généralisée post-11 septembre, on n'entend jamais traiter d'*issu(e)s de l'immigration* des jeunes gens ou jeunes filles nés en France de parents portugais, italiens ou polonais. C'est que l'expression a un sens clair pour tout le monde : *né(e)s de parents « maghrébins »*. Ces « jeunes »-là, proies toutes désignées pour le redoutable salafisme, habitent des *quartiers sensibles* (on peut regretter que les modes d'expression de cette sensibilité ne soient jamais précisés). Un récent rapport de la section « dérives urbaines » des renseignements généraux – des situationnistes infiltrés aux RG ? – propose huit critères pour déterminer si un *quartier sensible* est marqué par un risque de *repli communautaire* : « un nombre important de familles d'origine immigrée, pratiquant parfois la polygamie ; un tissu associatif communautaire ; la présence de commerces ethniques ; la multiplication de lieux de culte musulman ; le port d'habits orientaux et religieux ; les graffitis antisémites et anti-occidentaux ; l'existence, au sein des écoles, de classes regroupant des

1 – *La République et les Antisémites*, Paris, Grasset, 2004, p. 15. Ce livre paraît dans la collection « Nouveau collège de philosophie », dirigée par Alain Renaut.

primo-arrivants ne parlant pas français ; la difficulté à maintenir une présence de Français d'origine » (*Le Monde*, 6 juillet 2004).

« Sensible » est un qualificatif qui peut sembler trop anodin. Dans *Le Figaro* (16 décembre 2004), Jean-Philippe Moinet, fondateur de l'Observatoire de l'extrémisme, indique que son « plan d'action et d'information civique », présenté par le Haut Conseil à l'intégration, propose une « série d'actions de proximité ciblées vers les 200 quartiers classés "ultra-sensibles" par les services de l'Intérieur et devenus des foyers d'intolérance inacceptables ». Il s'agit de « marginaliser le prosélytisme d'un autre âge de quelques extrémistes ». Faire de l'*ultra-sensibilité* une *cible* à réduire par des actions de *proximité* paraît en effet un programme civique à mettre en œuvre d'urgence, car « les forces qui exploitent les identités exacerbées ne sont pas inactives en France, comme ailleurs en Europe ».

Islamiste, autre mot déferlant de l'après-11 septembre, est si souvent utilisé dans les faits-divers, les rapports d'experts et les journaux télévisés qu'on perd de vue sa nature de doublet pervers, qui a sur *islamique* l'avantage de rimer avec *terroriste*. Dans le dossier du *Monde* sur « L'état de la "menace islamiste" trois ans après le 11 septembre » (11 septembre 2004, les guillemets sont de la rédaction du journal), Gilles Kepel explique : « J'ai opté très tôt pour le terme "islamiste", plus exactement "mouvement islamiste". Eux s'appellent *harakat islamiyya*, le "mouvement islamique". Devons-nous calquer leur terminologie ? Non. On ne doit pas prendre pour argent comptant la façon dont un mouvement ou un groupe se définit. » Mais qui sont-ils donc, « eux », ceux dont il faut éviter de reprendre les termes ? Réponse de Kepel : « Qui a commis les attentats de Madrid ? Des jeunes émigrés dévoyés qui faisaient partie du tissu social de l'immigration locale. Il y a là un véritable problème qui tient à la porosité du passage entre le salafisme, cette mouvance ultrarigoriste qui intime aux jeunes de se laisser pousser la barbe, aux filles de se voiler, prône la rupture au quotidien avec l'environnement impie décrié, et la mouvance salafiste djihadiste qui, elle, débouche sur le terrorisme [...]. La menace ne sera éradiquée que si les sociétés civiles s'emploient d'urgence à l'éradiquer. » Celui qui prône ainsi une *société civile éradicatrice*, comme les généraux-bourreaux de l'Algérie, n'est ni un policier ni un expert de la « lutte antiterroriste » : Gilles Kepel est un « spécialiste reconnu de l'espace arabo-musulman » (d'après *Le Monde*), titulaire de la chaire Moyen-Orient-Méditerranée à Sciences-Po. Dans ses propos et ses livres, il est fidèle à une tradition remontant à Tocqueville, l'un des génies tutélaires de cette école, qui écrivait en 1841 : « Après l'interdiction du commerce, le second moyen [de réduire la résistance arabe en Algérie] est le ravage du pays. Je crois que le droit de la guerre nous autorise à ravager le pays et que nous devons le faire soit en détruisant les moissons à l'époque de la récolte, soit dans tous les temps en faisant de ces incursions rapides qu'on nomme razzias et qui ont pour objet de s'emparer des hommes et des troupeaux[1]. » *Ravager* le pays (Tocqueville, 1841), *éradiquer* la mouvance salafiste en France (Kepel, septembre 2004), *nettoyer* au Kärcher la Cité des 4000 de La Courneuve (Sarkozy, juin 2005) : la seule vraie différence est dans la

1 – *Travail sur l'Algérie*, 1841, in *Sur l'Algérie*, Paris, Garnier-Flammarion, 2003, p. 114.

langue, d'un cynisme élégant chez le hobereau normand, d'une brutale vulgarité chez le professeur et le ministre.

Les *islamistes* sont toujours suspects d'être *liés à Al-Qaida*, expression quotidiennement rencontrée dans la LQR. Peu importe que dans toute l'Europe des procès se soient terminés par la déconfiture d'accusations fondées sur un nom, une photo floue, un montage policier bâclé. Peu importe qu'il soit désormais clair qu'Al-Qaida, en tant qu'organisation tentaculaire et structurée, n'existe tout simplement pas. Un ancien responsable de la CIA, chargé de l'infiltration d'agents au Moyen-Orient pendant plus de vingt ans, répond aux questions de *Libération* (21 novembre 2003) : « Je ne vois rien qui permette de parler d'un "cerveau" derrière ces attentats [à Istanbul]. Al-Qaida est une idée, pas un mouvement structuré. Je pense même que le 11 septembre a été commis en "sous-traitance"[1]. » Ce qui n'empêche pas Patrick Sabatier de conclure dans un éditorial publié sur la même page : « Nous sommes nous aussi des cibles à abattre pour les fous d'Allah. Les machines infernales de Ben Laden seront un jour ou l'autre lancées contre Berlin ou Paris, comme elles l'ont été contre New York ou Istanbul, et ce quoi qu'il arrive en Irak ou en Palestine. Dans cette guerre, la neutralité n'est pas une option. » Sinistres prédictions en vérité, qui me font penser à un épisode ironiquement cité par Machiavel dans le *Discours sur la première décade de Tite-Live* : « Un plébéien, nommé

1 – Il me semble bien avoir été parmi les premiers à le dire en France (*Chronique de la guerre civile*, Paris, La Fabrique, mars 2004). Voir plus récemment l'analyse détaillée d'Olivier Roy (« Al-Qaida, label ou organisation ? », *Le Monde diplomatique*, septembre 2004).

Marcus Ceditius, vint déclarer au Sénat que, passant la nuit dans la rue Neuve, il avait entendu une voix plus forte qu'une voix humaine lui ordonner d'avertir les magistrats que les Gaulois venaient à [s'apprêtaient à envahir] Rome. Pour expliquer la cause de tels prodiges, il faudrait avoir une connaissance des choses naturelles et surnaturelles que je n'ai pas. Il se pourrait que l'air, d'après certains philosophes, fût peuplé d'intelligences qui, assez douées pour prédire l'avenir, et touchées de compassion pour les hommes, les avertissent par des signes de se mettre en garde contre le péril qui les menace[1]. »

Parmi les effets du 11 septembre en France, il faut compter la levée des barrages naguère dressés, dans la langue publique, par la bienséance et le sens des convenances. La haine de l'islam[2] s'exprime désormais dans des milieux, des revues, des institutions que l'on pensait sinon imperméables au racisme, du moins opposés à son expression ouverte. C'est ainsi que Robert Misrahi, professeur émérite à la Sorbonne, explique dans *Le Figaro* du 16 octobre 2004 que « si les islamistes souhaitent la mort non seulement de leurs victimes mais encore des nations qu'ils combattent, les démocrates, de leur côté, ne visent que l'anéantissement du terrorisme et non pas des nations musulmanes. Cette dissymétrie, qui empêche le retour à l'état de nature intégral, est à l'honneur de toutes les démocraties. Mais elle ne doit pas devenir l'arme

1 – *Discours sur la première décade de Tite-Live*, livre premier, LVI, Paris, Gallimard, coll. La Pléiade, p. 500.

2 – Je l'écris avec un *i* comme le veut le code typographique s'agissant de la religion, mais j'aurais aussi bien pu l'écrire avec un *I*, car la haine en question englobe aussi bien la civilisation islamique.

ultime des islamistes [...]. À trop vouloir sauvegarder notre pureté et notre légalisme, nous nous ferions les complices des agresseurs et nous manquerions, par notre passivité, à la responsabilité que nous avons à l'égard de toutes les victimes de la violence idéologique ». Coïncidence ou malice du metteur en page ? L'article du Pr Misrahi, spécialiste de Spinoza, paraît sur la même page qu'un placard publicitaire pour l'European Security Advocacy Group, organisme de sécurité privé qui incite à « des mesures fortes contre le terrorisme... en coopérant, en partageant l'information et l'expertise, et en utilisant toute la force de nos lois » (www. esag.info).

Dans la revue fondée par Raymond Aron (*Commentaire,* n° 107, automne 2004), Alain Besançon, directeur d'études à l'École des hautes études, membre de l'Institut, explique, dans un article modestement intitulé « L'islam », qu'à la différence du judaïsme et du christianisme, il ne s'agit pas d'une religion révélée. Le Coran, « négation de l'histoire », ne saurait avoir le même statut que la Bible ou le Nouveau Testament. En conséquence, « il faudrait veiller à expurger du discours chrétien contemporain des expressions aussi dangereuses que "les trois religions abrahamiques", "les trois religions révélées" et même "les trois religions monothéistes" ». Expurger est évidemment plus urbain qu'éradiquer. « La plus fausse de ces expressions [visant à mettre ces trois religions sur le même plan] est "les trois religions du livre". Elle ne signifie pas que l'islam se réfère à la Bible, mais qu'il a prévu pour les chrétiens, les juifs, les sabéens et les zoroastriens une catégorie juridique, "les gens du Livre". » Lesquels gens, poursuit l'académicien, ont bien de la chance car « ils peuvent postuler au statut de *dhimmi,* c'est-à-dire, moyennant discrimination, garder leur vie et leurs biens au lieu de la mort ou de l'esclavage auxquels sont promis les *kafir*, ou païens ». Il y a dans le *Tartuffe* une extraordinaire didascalie intercalée dans le discours de l'homme en noir et qui précise : *c'est un scélérat qui parle.*

La LQR est tout aussi éloquente par ce qu'elle ne dit pas. Dans les premiers jours de la « mobilisation générale » qui a suivi l'enlèvement de Christian Chesnot et de Georges Malbrunot en Irak, personne ne s'est souvenu de « leur chauffeur syrien ». Jacques Chirac, le 29 août 2004 : « Mes chers compatriotes, depuis une semaine, deux journalistes français, CC et GM, ont été enlevés en Irak. Et c'est à eux, à leurs familles et à leurs proches, que je veux dire, au nom de tous les Français, notre solidarité et notre détermination [...]. Aujourd'hui, c'est toute la Nation qui est rassemblée, car ce qui est en jeu, c'est la vie de deux Français... » Pas un mot du chauffeur. Quand les médias se sont rendu compte qu'il était maladroit de l'oublier au moment précis où l'on cherchait à persuader les ravisseurs que les Arabes et les musulmans étaient des Français tout à fait comme les autres, on a commencé à parler de « CC, GM *et leur chauffeur syrien* ». L'idée qu'un Syrien, chauffeur de surcroît, puisse avoir un nom ne les a effleurés que très tard, lorsqu'il est apparu que les otages étaient sans doute passés en Syrie et que Mohammed al-Joundi, était peut-être un personnage plus important qu'on ne le pensait dans cette affaire

L'EFFROI, LA VIOLENCE

Dans un passage célèbre du *18 Brumaire de Louis Bonaparte*, Karl Marx décrit l'état d'esprit de la bourgeoisie française à la veille du coup d'État : « [...] on comprendra que dans cette confusion incroyable de fusion, de révision, de prorogation, de constitution, de conspiration, de coalition, d'usurpation et de révolution, le bourgeois ait crié dans un accès de fureur à sa République parlementaire : "Plutôt une fin effroyable qu'un effroi sans fin !" ». Dans l'actuelle « confusion incroyable », les accès de fureur ne sont pas de mise. Pour les gouvernements comme pour les sociétés cotées en Bourse, l'une des règles de la « bonne gouvernance » est que l'effroi des dirigeants ne doit pas se répandre. Les sujets de trouble sont donc traités par les médias et les politiciens dans une version particulièrement neutre et technique de la LQR, d'où sont exclus à la fois les présages funestes et les excès verbaux – insolence, outrance et insultes.

On pourrait y voir comme un effet de la pacification des mœurs décrite par Norbert Elias s'il n'existait un domaine où la langue publique conserve ou retrouve les mots de la violence : quand se déroule le combat pour la défense planétaire de l'homme blanc, au loin, comme dans les importations hexagonales de la guerre civile mondiale.

Ceux qui osent critiquer la politique des États-Unis forment l'une des premières cibles de cette violence. Ainsi, dans un article intitulé « Crispation américanophobe » (26 novembre 2004), Patrick Jarreau, naguère grisâtre correspondant du *Monde* à Washington, s'en prenait avec une lourde ironie aux détracteurs du président réélu : « George Bush n'a pu l'emporter qu'au bénéfice de la peur et grâce aux manipulations sordides du diabolique Karl Rove. Pensez donc ! Le débat a porté sur les "valeurs morales". Quelle horreur ! Comment peut-on vouloir discuter, aujourd'hui, de morale ? Quel obscurantisme ! [...] Il est entendu qu'une vaste conspiration de zélotes évangélistes, tous plus bornés, ignorants et réactionnaires les uns que les autres, a pris le pouvoir autour de George

Bush, qui serait en quelque sorte le Savonarole de cette Florence puissante et surarmée. » Pour Alexandre Adler – autrefois kremlinologue halluciné dans *Libération*, désormais promu géopoliticien, amené par ses analyses à prédire que la guerre d'Irak n'aurait pas lieu (*Le Figaro*, 8 mars 2003), malgré la présence d'armes de destruction massive (France Culture, 21 juillet 2003), et que John Kerry serait élu président des États-Unis (*Le Figaro*, 6 septembre 2004) –, « L'antiaméricanisme est un sentiment fascisant qui, de fait, se trouve en sympathie avec le "fascisme musulman" propagé par les islamistes[1] ».

Selon Jean-François Revel, de l'Académie française, « Dans le domaine de l'anti-américanisme, le tréfonds de la déchéance intellectuelle – je ne mentionne même pas l'ignominie morale, sur laquelle on est blasé, je ne parle que de l'incohérence des idées – a été atteint en septembre 2001[2] ».

Les ex-nouveaux philosophes ne sont pas en reste. André Glucksmann : « Les vitupérations vieilles d'un siècle visant Wall Street puis Hollywood sont à peine rafraîchies par l'incrimination de CNN, McDo, Coca et du FMI. Des générations d'académiciens, de Georges Duhamel à Maurice Druon, ont rarement oublié de maudire l'inculture yankee tandis que, sous la conduite de Maurice Thorez et de José Bové, les démunis sont appelés à défiler contre le "système", contre le *Kapital*, l'impérialisme et la mondialisation[3]. » Et Bernard-Henri

1 – *J'ai vu finir le monde ancien*, Paris, Grasset, 2002 ; Hachette Pluriel, p. 69. Ce livre a obtenu le Prix du livre politique 2003, décerné par un jury présidé par Philippe Sollers, où siégeaient entre autres Bernard Guetta, Alain-Gérard Slama, Laurent Joffrin et Jean-Pierre Elkabbach.

2 – *L'Obsession anti-américaine*, Paris, Pocket, 2002, p. 24.

3 – *Ouest contre Ouest*, *op. cit.*, p. 23.

Lévy : « L'anti-américanisme français, cette passion politique dont on ne rappellera jamais assez qu'elle apparut, chez nous, dans la mouvance des fascistes français des années 30, ce délire idéologique qui masque mal des sentiments aussi douteux que la haine de la démocratie tocquevillienne, le mépris pour un pays artificiel fondé sur la fiction d'un contrat social quasi rousseauiste, la nostalgie des vraies communautés enracinées dans un sol, une race, une mémoire commune, le fantasme enfin d'un pays cosmopolite vivant sous la loi du lobby juif, l'anti-américanisme français, donc, est un attracteur du pire dont les séductions seraient d'autant plus dangereuses qu'un coup d'arrêt symbolique, venu d'en haut, ne lui serait pas très vite opposé[1]. »

La « lutte antiterroriste », les événements du Proche-Orient et leurs prolongements en France sont d'autres champs où fleurit l'insulte. Dans un entretien avec Élisabeth Schemla diffusé sur le site Proche-orient.info le 13 octobre 2003, Alexandre Adler se laisse aller à dire : « Au fond, Tariq Ramadan, il n'est ni affreux ni sympathique. Je suis beaucoup plus choqué par des traîtres juifs comme les Brauman et d'autres. Alors évidemment, monsieur Mermet, le journaliste brejnévien, monsieur Langlois, le chef de *Politis*, et quelques autres, ils savent dire les choses autrement. Et c'est comme ça qu'on ne peut pas les coincer, ceux-là. Ces gens-là me semblent infiniment plus méprisables, infiniment plus répugnants. »

Dans ce concert, on trouve jusqu'à des psychanalystes : « Aujourd'hui, un terroriste qui va chercher des enfants

1 – *Récidives*, Paris, Grasset, 2004, p. 873.

juifs cachés sous un lit pour les tuer ne les voit peut-être pas comme des humains ; ce sont de purs obstacles à sa plénitude narcissique, ou à sa loi, dont il a posé que c'est la vraie, vu que c'est la sienne[1]. » Ou encore, du même : « Haïr "les Juifs ", c'est d'abord haïr sa faille identitaire, que l'on trouve partout dans sa vie mais que les Juifs rappellent plus que d'autres. Cette haine comporte des variantes : on peut même les jalouser pour leur malheur, pour Auschwitz, face auquel d'autres malheurs peuvent sembler minces, et en prendre ombrage[2]. »

Théo Klein, « avocat de gauche, ancien président du Crif, étrangement docile et aveuglé » ; Mgr Gaillot, « célèbre démagogue christiano-gauchiste à la française » ; « le trotskiste supposé bien-pensant Daniel Bensaïd » ; « le boy-scout José Bové, mélange d'austérité roublarde et de narcissisme terne, incarnant l'une de ces multiples rééditions récentes de Tartuffe » ; Norman Mailer, « vieux pamphlétaire, démagogue gauchiste » ; l'abbé Pierre, « ami célèbre de Roger Garaudy et ennemi déclaré du "lobby sioniste mondial" » : on ne se contente pas d'insulter l'adversaire, on le désigne à la vindicte dans un ouvrage où les quinze pages d'index se lisent comme une liste de proscription[3].

De tels propos ne sont pas publiés dans des feuilles à deux sous, ils ne sortent pas d'officines plus ou moins clandestines. Ils sont proférés sur les ondes nationales, ils paraissent dans les grands quotidiens, ils figurent dans des livres édités par des maisons réputées et dont la critique

1 – Daniel Sibony, *L'Énigme antisémite*, Paris, Seuil, 2004, p. 69.

2 – *Ibid*, p. 87.

3 – Pierre-André Taguieff, *Prêcheurs de haine, traversée de la judéophobie planétaire*, Paris, Mille et une nuits, 2004, pp. 263 et 272 ; pavé de près de 1 000 pages où Taguieff, qui fut autrefois un historien convenable, accumule amalgames et erreurs factuelles.

fait l'éloge. On peut se demander pourquoi la LQR, d'ordinaire portée, comme on l'a vu, à l'euphémisme et au conformisme anesthésiant, peut ainsi « déraper ». La réponse est simple : il n'y a là aucune contradiction mais une simple répartition des rôles. Pour les idéologues du nettoyage généralisé – de Kaboul à Grozny, de Rafah à La Courneuve –, la langue publique la plus adaptée est celle de l'intimidation. Et ceux qui ont choisi comme terrain de guerre civile le maintien des fictions républicaines et réformatrices préfèrent s'accommoder de la bouffonnerie d'une sagesse désabusée.

4

Effacer la division

En 403 avant notre ère, une armée hétéroclite formée par les démocrates athéniens en exil mit en déroute les hoplites des Trente « tyrans ». C'était la fin d'une brève parenthèse oligarchique, après la défaite d'Athènes dans la guerre du Péloponnèse. Dans *La Cité divisée*, Nicole Loraux retrace les événements qui eurent lieu à Athènes en ce moment crucial[1]. Les résistants démocrates, « retrouvant leurs concitoyens, adversaires d'hier, [jurèrent] avec eux d'oublier le passé dans le consensus ». Les Athéniens, de nouveau rassemblés, prêtèrent solennellement le serment de ne pas rappeler les malheurs du temps de la tyrannie, qui se trouvèrent ainsi rejetés dans l'oubli collectif. *La Cité divisée* montre que cette amnistie n'est pas aussi surprenante qu'il y paraît. Elle peut en effet se lire comme la conséquence d'un souci constant chez les Athéniens, celui de refuser ou d'occulter la *stasis* – mot qui « ne désigne étymologiquement qu'une position », mais qui en vient à signifier successivement prise de position, parti, sédition, et enfin guerre civile[2]. La polysémie de *stasis* met sur la trace

1 – *La Cité divisée, l'oubli dans la mémoire d'Athènes*, Paris, Payot et Rivages, 1997; Petite bibliothèque Payot, 2005. Les citations qui suivent sans références sont extraites de ce livre exceptionnel.

2 – Même si Nicole Loraux souligne que l'expression « guerre civile » est romaine et non grecque.

d'une sorte de dénégation chez les Athéniens : ils se refusent à accepter que « la division devenue déchirure » soit forcément présente dans la politique et même la constitue, à l'état de spectre, de joute oratoire ou de lutte armée[1]. Les historiens et les philosophes présentent toujours la guerre civile comme un fléau et la victoire y est considérée comme « mauvaise victoire », sans rien de comparable à la gloire des guerres extérieures. Par l'amnistie, l'Athènes convalescente efface jusqu'à la mémoire de la division. Cette mise à l'écart de la *stasis* passe par une réécriture de l'histoire. Nicole Loraux donne en exemple le cas d'Éphialte, chef démocrate célèbre, maître à penser de Périclès, qui avait osé réduire les prérogatives du conseil aristocratique de l'Aréopage et fait descendre les vénérables supports des lois de Solon de la colline sacrée de l'Acropole vers l'Agora. Éphialte fut assassiné en 460-461 et tout laisse à penser qu'il s'agit d'un meurtre politique. Or, sur ce personnage important, « nous ne savons vraiment ni qui il était, ni ce que fut sa vie, ni ce que furent les circonstances exactes de sa mort [...]. D'Aristote, qui donne les seules informations dont nous disposons réellement (le nom du meurtrier et la précision que ce fut "un meurtre par ruse", en d'autres termes un guet-apens), à Diodore pour qui tout simplement "il disparut une nuit", on peut suivre le travail d'un très remarquable processus d'effacement progressif du meurtre ».

L'histoire n'est pas le seul terrain où se joue l'effacement. Il y a aussi l'usage des mots. L'un des plus fortement associés à l'Athènes classique est *démocratie*. Or, dans démocratie, il y a *kratos* qui signifie la supériorité, la

1 – Je me sens autorisé à employer des notions comme « dénégation » par l'exemple même de Nicole Loraux dans *La Cité divisée* (voir en particulier p. 74 sq.).

victoire. C'est pourquoi, « comme si les cités refusaient d'admettre que, dans l'exercice du politique, il y ait pu avoir place pour du *kratos*, parce que cela reviendrait à entériner la victoire d'une partie de la cité sur une autre, et donc à renoncer au fantasme d'une cité une et indivisible, le mot est étrangement absent de l'éloquence civique ou du récit des historiens [...]. En évitant de prononcer un nom qui a d'abord été infligé au régime par ses adversaires comme le plus dépréciatif des sobriquets, [les démocrates] admettent implicitement que *demokratia* signifie qu'il y a eu division de la cité en deux parties et victoire de l'une sur l'autre ». Nicole Loraux détaille les stratégies d'évitement du mot *demokratia* : la substitution rampante par *politeia* (« constitution »), la destruction du sens sous l'hyperbole (la « bonne démocratie » exaltée en évoquant mille ans de passé radieux, de Thésée à Solon) et, plus significatif encore, le remplacement de *demokratia* par *polis*, la Cité, « que l'on suppose inentamée en son essence par tous les bouleversements qui affectent sa constitution parce qu'elle a pour elle le temps, un temps qui ressemble étrangement à l'éternité. Aussi les malheurs que les Athéniens jurent un par un d'oublier ne l'ont-ils pas vraiment modifiée. Sans doute la cité est elle le sujet qui les a ressentis naguère et en a souffert, mais maintenant qu'il s'agit d'en faire un jadis, elle les assume, avec l'étrange responsabilité de qui n'en était pas responsable, comme son propre passé, à condition toutefois qu'en soit donnée la bonne version. La version "politique", au sens où ce terme implique l'effacement du conflit ».

Il est peu probable que les agents propagateurs de la LQR soient d'attentifs lecteurs de Lysias, de Thucydide ou d'Aristote. Mais l'autolégitimation de la démocratie libérale passe par la construction de sa propre histoire, par l'établissement de son arbre généalogique. Or, dans cette généalogie rêvée, la démocratie athénienne tient une place originaire. Il s'agit évidemment d'une démocratie présentable, d'une cité d'où la *stasis* est totalement absent e. « C'est ainsi, écrit Nicole Loraux, que s'inaugura le *topos* de l'éloge d'Athènes comme cité de l'*homonoia* [l'entente entre les citoyens] ou plutôt de la démocratie athénienne comme paradigme de "la Cité", construction idéologique dont nous avons hérité *et dont, oserais-je le dire, nous ne nous sommes jamais libérés* » (souligné par moi).

La Citée divisée parle d'euphémismes, de substitutions, d'effacement. Vingt-quatre siècles après les événements décrits dans ce livre, la LQR met en œuvre des procédés du même ordre. Je ne pense pas qu'il faille voir dans cette ressemblance quelque constante anthropologique. Je pense plutôt que l'Athènes du IVe siècle et la Ve République du XXIe sont confrontées à la même question : comment occulter le litige, comment faire régner l'illusion de la cité unie, autrement dit comment éliminer la politique ? Pour y répondre, les politiciens, les médias, les économistes, les publicitaires et de façon générale tous ceux qui cherchent à « réaliser la politique par la suppression de la politique[1] » utilisent la LQR comme un dispositif général. Je propose d'y distinguer, arbitrairement peut-être, trois modes opératoires : l'évitement des mots du litige, le recollage permanent des morceaux et le recours à l'éthique.

1 – Jacques Rancière, *La Mésentente*, *op. cit.*, p. 97.

L'ÉVITEMENT DES MOTS DU LITIGE

Depuis quinze ans, on a pris l'habitude de présenter la chute du mur de Berlin, l'écroulement du communisme de caserne, comme le triomphe de la démocratie. La seule question admise est de savoir si ce triomphe est définitif – auquel cas c'est à la fin de l'histoire que nous sommes conviés – ou si la démocratie reste toujours menacée, version qui tend à prévaloir depuis septembre 2001. Quoi qu'on en pense, il faut reconnaître un fait étrange : la fin d'une Union soviétique, parvenue au point zéro dans la plupart des domaines et même au-dessous dans celui des idées, a entraîné l'oblitération d'un certain nombre de mots et expressions, aussi bien dans la LQR « de base » que dans sa version plus élaborée, celle des sociologues, politologues et autres géopoliticiens. Tout s'est passé comme si l'on avait saisi l'occasion de faire le ménage. Dans la préface d'un livre qui eut un grand retentissement, François Furet écrivait il y a dix ans : « Les peuples qui sortent du communisme semblent obsédés par la négation du régime où ils ont vécu. La lutte des classes, la dictature du prolétariat, le marxisme-léninisme ont disparu au profit de ce qu'ils étaient censés avoir remplacé : la propriété bourgeoise, l'État démocratique et libéral, les droits de l'homme, la liberté d'entreprendre. Rien ne subsiste des régimes nés d'Octobre que ce dont ils étaient la négation[1]. » Ce jugement concerne les pays sortis du communisme à la soviétique, mais il ne fait guère de doute que dans l'esprit de son auteur il a valeur générale et, depuis, le thème ne cesse d'être repris par les théoriciens du maintien de l'ordre.

1 – *Le Passé d'une illusion. Essai sur l'idée communiste au XXe siècle*, Paris, Robert Laffont, 1995 ; Livre de poche histoire, p. 8.

Les mots, les notions, les concepts que l'on s'attache ainsi à déconsidérer ont un trait commun : ils font partie du vocabulaire de l'émancipation – mot d'ailleurs lui-même suspect – et de la lutte des classes. Il n'est plus guère question de classes dans la société et encore moins d'une lutte qui les opposerait entre elles. Même la classe moyenne n'a plus la cote de naguère, elle dont le développement illimité, phagocytant les « extrêmes », a été l'idéal des penseurs modérés depuis Aristote. Pour *segmenter* la communauté pacifiée, la LQR propose des notions de remplacement issues de pseudo-enquêtes sociologiques et de sondages d'opinion : les *couches* sociales, d'une rassurante horizontalité, les *tranches* – d'âge, de revenus et d'imposition – et les *catégories*, socioprofessionnelles ou autres. Toutes ces notions se prêtent à des statistiques et des diagrammes. Elles tendent vers l'image d'une population facile à décompter et à contrôler, où l'on a autant de chance de rencontrer de la *stasis* que dans une *tranche* de cake ou une *couche* de béchamel. S'il faut admettre la présence de noyaux d'hétérogénéité, la LQR fait parfois intervenir la notion de *milieu*, boursier ou cycliste, théâtral ou intégriste. Ces milieux sont censés avoir des opinions, faites tantôt d'inquiétude (« les milieux financiers s'alarment de la montée du prix du pétrole ») et tantôt de satisfaction (« les milieux de l'athlétisme international se réjouissent du choix de Londres pour les Jeux de 2012 »), mais toujours unanimes. À l'inverse du *meson* des Grecs qui était précisément le lieu du débat public, un *milieu* dans la démocratie libérale et pacifiée ne saurait être divisé[1].

1 – « Le *meson*, ce centre de la cité, commun à tous et lieu de la mise en commun qui, pour des citoyens égaux et interchangeables, dessine l'espace d'une parole et d'une action au service du *koinon* (du "commun") » (*La Citée divisée*, *op. cit.*, p. 98).

Le *prolétariat* est sorti du langage politico-médiatique par la même porte que la classe ouvrière : en appeler aux *prolétaires de tous les pays* passerait aujourd'hui pour une bouffée incontrôlée de nostalgie du goulag. Cette classe pas comme les autres, cet opérateur du litige qui portait en lui la disparition de toutes les classes a été congédié en même temps qu'elles, ce qui est logique. Avec lui ont disparu derrière le décor les *opprimés* et les *exploités*. Les esprits compatissants admettent que de telles catégories existent au loin, dans les *favelas* brésiliennes ou les *sweatshops* asiatiques. Mais dans la démocratie libérale il ne saurait être question d'exploitation ni d'oppression. Ces mots impliqueraient en effet qu'il existe des exploiteurs et des oppresseurs, ce qui s'accorderait mal avec la fin proclamée des relations de classe. Pourtant, il fallait bien trouver une façon de désigner ceux qui vivent dans la misère, désormais trop nombreux pour être simplement frappés d'invisibilité. Les experts les ont baptisés : ce sont les *exclus*.

Le remplacement des exploités par les exclus est une excellente opération pour les tenants de la pacification consensuelle, car il n'existe pas d'*exclueurs* identifiables qui seraient les équivalents modernes des exploiteurs du prolétariat. « Contrairement au modèle des classes sociales, dans lequel l'explication de la misère du "prolétariat" reposait sur la désignation d'une classe (la bourgeoisie, les détenteurs des moyens de production) responsable de son "exploitation", le modèle d'exclusion permet de désigner une négativité sans passer par l'accusation. Les exclus ne sont les victimes de personne, même si leur appartenance à une commune humanité exige que leurs souffrances soient prises en compte et qu'ils soient secourus, notamment par l'État selon la tradition politique française[1]. » D'ailleurs, non seulement les exclus ne sont victimes de personne, mais ce qui leur arrive est le plus souvent de leur faute. Dans une société où chacun est l'entrepreneur de lui-même, chacun est responsable de sa propre faillite. Pousser l'État à secourir les exclus est une tentation à laquelle il faut résister, comme à celle de subventionner des entreprises non rentables, ce qui ne peut que les enfoncer davantage (discours très proche de celui qui se tient de plus en plus ouvertement sur les pays ex-colonisés, en particulier d'Afrique[2]).

Le passage de l'exploitation à l'exclusion peut servir de démonstration pour ceux qui doutent que la LQR soit une langue performative. Ce glissement sémantique amène en effet à accepter que la lutte contre l'injustice soit remplacée par la compassion, et la lutte pour l'émancipation par les *processus de réinsertion* et l'action humanitaire. L'image traditionnelle de l'homme du peuple héroïque – Jean Valjean – fait place à la figure pitoyable de l'exclu, « défini d'abord par le fait d'être *sans* : sans parole, sans domicile, sans papiers, sans travail, sans droits[3] ».

En substituant aux mots du litige ceux de la sociologie vulgaire, la LQR révèle sa véritable nature d'instrument idéologique de la pensée policière, de langue du faux où les « idées » sont présentées comme aux origines d'un système qui, en réalité, les forge et les met en forme pour servir à sa propre légitimation[4].

1 – Luc Boltanski et Ève Chiapello, *Le Nouvel Esprit du capitalisme*, Paris, Gallimard, 1999, p. 426.

2 – Par exemple Stephen Smith dans l'abject *Négrologie, pourquoi l'Afrique meurt*, Paris, Calmann-Lévy, 2003. Ce livre a reçu le prix France Télévisions du meilleur essai (2005).

3 – *Le Nouvel Esprit du capitalisme*, *op. cit.*, p. 429.

4 – « Policière » est employé ici au sens donné à ce mot par Jacques Rancière, en particulier dans *La Mésentente*, *op. cit.*, p. 51.

LE RECOLLAGE PERMANENT DES MORCEAUX

Si les *élites* politiciennes, financières et médiatiques consacrent tant d'énergie à donner de la consistance au fantasme d'une cité une et indivisible, si, avec l'aide des « savants[1] », la LQR s'emploie si activement à écarter ou dénaturer les mots du litige, c'est que les dirigeants sont tenus d'effectuer deux tâches quelque peu contradictoires. La première est de contrôler les mouvements centrifuges, les surgissements du politique qui surviennent ici et là. Contrôler ne veut pas dire – pas toujours en tout cas – arrêter et jeter en prison. Il s'agit plutôt de réparer les mailles du filet tout en évitant le pire, c'est-à-dire de reconnaître la *stasis* : ceux qui expriment un désaccord ne sont pas des ennemis ni même vraiment des adversaires. Ils sont dans l'erreur parce qu'ils sont mal informés ou parce que leur niveau intellectuel ne leur permet pas d'avoir une vue juste du problème posé. Après le référendum constitutionnel du 29 mai 2005, tous les médias ont souligné que « la France du non » était surtout rurale et peu diplômée, jeune et peu fortunée. Façon polie de dire que le pays a penché vers le non à cause de jeunes ploucs sans argent ni éducation. On ne saurait leur en vouloir d'avoir mal voté. Simplement, on leur a mal expliqué.

La seconde tâche est plus difficile. Elle consiste à convaincre une population de contribuables, de consommateurs et d'usagers que son être-en-commun est fait d'autre chose que de chiffres. En laissant se répandre

1 – Par ce mot, j'entends les psychologues d'entreprise, les sondeurs, les sociologues de ministères, etc. Il ne s'agit pas de s'associer au mouvement actuel de culpabilisation de la science, qui va de pair avec la valorisation de l'irrationnel et la promotion de la transcendance tous azimuts.

l'*individualisme*, le danger est de perdre toute *motivation.* Or ce danger est grave. En effet, le temps n'est plus où le système de production reposait sur le contrôle direct. Les cadres des années 1960, dont l'autorité était fondée sur la stabilité et la hiérarchie, sont désormais remplacés par des *managers*, des *coaches*, chargés non plus de contrôler mais d'animer. Intuitifs, humanistes, créatifs, ils ne sont plus des ingénieurs mais des meneurs d'hommes. En conséquence, il n'est plus possible d'évaluer leur activité avec les mêmes méthodes que pour les cadres d'autrefois. L'appareil productif repose sur la *confiance* qui leur est accordée, laquelle suppose qu'ils aient intériorisé la norme, qu'ils pratiquent l'autocontrôle. C'est là que surgit la difficulté : à l'ère des privatisations, des fusions-acquisitions, des restructurations et des plans sociaux, plus personne, manager ou pas, ne peut s'identifier à un « projet d'entreprise », à une compagnie, une firme, un groupe qui peut le licencier ou même disparaître presque du jour au lendemain. Pour maintenir la « cohésion sociale » – autre façon de dire l'ordre –, il ne suffit pas qu'un ministère lui soit consacré. Il faut un substitut symbolique à la société-famille où l'on travaillait toute sa vie en montant un par un les échelons hiérarchiques. Ce substitut (j'allais dire ce placebo) est une fois encore le « fantasme d'une cité une et indivisible », la démocratie pacifiée, le consensus rêvé par Jacques Attali au lendemain du référendum constitutionnel : « Les Français devraient se parler et ouvrir ainsi, tout de suite, une grande réflexion fraternelle sur leur identité et leur projet commun[1]. »

C'est à la LQR que revient l'essentiel du recollage des morceaux. C'est grâce à elle que l'on remet à leur place

1 – *L'Express*, 30 mai 2005.

– c'est-à-dire nulle part – les lycéens révoltés, les ouvriers agricoles marocains ou les salariés de François Pinault à la Samaritaine, pour prendre quelques-uns des accès de fièvre politique du printemps 2005. C'est en LQR également que l'on s'adresse aux troupes néolibérales pour les dissuader de déserter, d'aller élever des chèvres ou, pire encore, de changer de camp comme les Saxons à la bataille de Leipzig.

Pour réaliser ce programme, le principal procédé est la répétition. C'est ainsi que, depuis les grèves de décembre 1995 (le « mouvement social »), la prolifération du mot *ensemble* crée sur les murs et les écrans une injonction permanente à foyers disséminés. Les passants sont exhortés à tenir propres les trottoirs ensemble, à être vigilants dans le métro (« Attentifs, ensemble », avec un logo où de petits personnages multicolores se tiennent par la main), à « vivre ensemble » (publicité pour RTL), à coopérer, car c'est « faire ensemble » (publicité pour le Crédit coopératif), ou encore, « ensemble », à « respecter l'environnement » (sacs recyclables Leclerc)[1]. Bertrand Delanoë est un infatigable manieur du *rassemblement*. Au lendemain du choix de Londres pour les Jeux 2012, il confie de Singapour au *Figaro* (7 juillet 2005) : « Je pense d'abord à tous ceux qui, à Paris, en France et dans le monde, ont

1 – Il peut arriver que cette façon de rassembler exhibe soudain ses dessous policiers : « Extrémismes et fondamentalismes s'entretiennent dans de dangereuses alliances objectives qui atteignent, dans certains territoires perdus de la République, les fondements de notre démocratie et les capacités du "vivre ensemble" » (*Le Figaro*, 16 décembre 2004, sous la plume de Jean-Philippe Moinet, « fondateur de l'Observatoire de l'extrémisme, chargé d'une mission de lutte contre le racisme et l'antisémitisme par le ministre de la Cohésion sociale ».)

porté cette candidature [de Paris], son exigence, ses valeurs, à ceux qui ont eu le plaisir de construire ensemble en étant différents » ; et plus loin : « Il y a eu trop de générosité, de performance, de rassemblement, d'unité entre nous pour qu'on n'en fasse rien. Je ne sais pas encore quoi mais je sais pour qui : les citoyens, les jeunes, ceux qui espèrent, qui ont envie d'être différents et ensemble. » Jacques Chirac utilise ce même thème dans chaque discours, souvent plusieurs fois. Lors de la libération de Florence Aubenas et Hussein Hanoun, il déclare qu'« en ce moment de rassemblement, nos pensées vont aussi vers toutes celles et tous ceux qui sont détenus en otages à travers le monde », ajoutant : « Ce fut un magnifique témoignage de solidarité et d'espoir. »

La *solidarité*, autre mantra chiraquien, s'étale partout en couches épaisses sans qu'on sache toujours clairement de qui avec qui (« Notre solidarité est aussi communicative », indique par exemple une publicité dans *Le Figaro Entreprises* du 22 novembre 2004). À propos du lundi de Pentecôte non chômé, l'entourage de Jean-Pierre Raffarin estimait que « les Français ont compris, si ce n'est accepté, que ces sept heures de travail en plus permettaient de financer la solidarité[1] » (*Le Monde*, 18 mai 2005). Mon boulanger vend ses pains au chocolat dans des sachets qui portent l'inscription « Économie solidaire et citoyenne – Pour les causes de l'enfance ». Il y a quelque chose de malsain dans cette façon de s'affirmer solidaires sans autre précision, c'est-à-dire évidemment solidaires de nous autres – même s'il arrive qu'*ensemble*,

1 – Personne à ma connaissance n'a rappelé que déjà l'ineffable Paul Ramadier, alors ministre des Finances, avait créé dans les années 1960 la vignette automobile pour financer la solidarité avec les vieux. On l'appelait à ses débuts la *vignette des vieux*.

« nous » manifestions notre solidarité avec des populations victimes de catastrophes diverses. Comme la police des frontières, notre solidarité divise le genre humain en deux files, ceux qui y ont naturellement droit et ceux qui à tout moment dans la queue peuvent s'entendre dire : « Veuillez nous suivre par ici. » On devrait se souvenir que, dans les années 1930, le mouvement fasciste fondé par le parfumeur François Coty s'appelait la Solidarité française.

Pour donner corps à l'illusion de la cité unie, les efforts pour agréger les individus dissous dans la population ne suffisent pas. Il faut aussi montrer que les gouvernants démocratiquement choisis et les dirigeants parvenus à la tête des grands groupes industriels et financiers ne constituent pas une oligarchie « hors du commun », qu'ils n'ont pas perdu le contact avec leurs mandants et leurs actionnaires, ni avec les usagers-consommateurs. C'est pourquoi reviennent dans d'innombrables déclarations et articles, comme un déni obsessionnel et pathétique, l'*écoute*, la *proximité*, le *terrain* – sans compter les adverbes *véritablement* et *concrètement*, parsemés dans les discours et les interviews comme autant de petites taches de lâcheté intellectuelle. La *proximité* est un cas particulier : si le *commerce de proximité* est censé contrebalancer l'anonymat des grandes surfaces, ce qu'on cherche surtout à rapprocher de la population par ce mot, ce sont les institutions de la violence légale – *justice de proximité*, *police de proximité*. Quant au *terrain*, les ministres ne cessent de l'arpenter, en tous sens et toutes saisons. Au journal de 13 heures de France Inter (22 juillet 2005), on a appris que Dominique de Villepin s'est rendu dans un centre aéré en Normandie. Ayant tombé la veste mais non la cravate, il a déclaré inacceptable que trois millions d'enfants ne puissent pas partir en vacances et a conclu : « On apprend beaucoup de choses en allant sur le terrain. »

LE RECOURS À L'ÉTHIQUE

Depuis une vingtaine d'années, on a vu proliférer les comités d'éthique. Ils sont composés d'experts en tous genres, de philosophes, de sociologues, de juristes et de représentants des « principales familles spirituelles » : en mars 2005, le président de la République a désigné pour siéger au Comité consultatif national d'éthique pour les sciences de la vie et de la santé un professeur de philosophie éthique à la faculté protestante de théologie de Paris, membre du comité de rédaction de la revue *Esprit*; un polytechnicien, membre de la compagnie de Jésus, membre du département d'éthique biomédicale du Centre Sèvres (facultés jésuites de Paris) ; un rabbin, aumônier général israélite de l'armée de l'air ; et une agrégée de philosophie, professeur de philosophie morale et politique, présidente du Haut Conseil à l'intégration. Constitués sur ce mode, ces comités sont chargés de définir les limites de la vie et de la mort, de donner leur opinion sur des questions comme le statut de l'embryon et le clonage humain.

À d'autres institutions, moins prestigieuses mais non moins écoutées, on demande de se prononcer sur le bien et le mal dans des domaines prosaïques comme la Bourse, le sport ou l'impartialité de l'information dans les programmes de radio et de télévision publiques. Dans les textes administratifs qui définissent la mission de ces divers comités, l'*équilibre*, mot clé de la LQR, revient en leitmotiv. Ainsi le comité d'éthique du CNRS a-t-il pour mission, entre autres, de « sensibiliser les personnels de recherche à l'importance de l'éthique de façon à *garantir un juste équilibre* entre leur liberté intellectuelle et leurs devoirs vis-à-vis du CNRS et de la société[1] » – étrange proposition, impliquant qu'il faille un comité pour surveiller les relations entre recherche scientifique, liberté intellectuelle et devoirs envers la société[2].

Ce fatras bien-pensant ne fait que confirmer les tendances de la démocratie libérale actuelle : retour à la bonne vieille morale, aux valeurs transcendantes et au sens du sacré, épandage éthique masquant les réalités financières, faux problèmes éthiquement montés en épingle pour éviter les questions gênantes. Un vaste territoire aménagé pour les âmes naïves, où experts, académiciens et autorités spirituelles s'expriment doctement sur le séquençage du génome humain, le transfert des joueurs de football, le retraitement des déchets nucléaires ou l'enseignement du français.

Mais pour étayer le mythe de la cité unie, il existe un argument éthique beaucoup plus efficace. Il peut s'énoncer simplement : si tout ne va pas pour le mieux dans le meilleur des mondes possibles, c'est qu'il y a des *fautes*

1 – Décision portant création du Comité d'éthique du CNRS, 20 août 2002, art. 2-4. Souligné par moi.

2 – Le secteur public n'a d'ailleurs plus le monopole de l'éthique. Nicole Notat, ancienne secrétaire générale de la CFDT et liquidatrice des tendances « gauchistes » de ce syndicat, dirige depuis 2002 la société Vigeo, spécialisée dans l'évaluation des entreprises sur le plan éthique – gestion des ressources humaines, politique environnementale. Vigeo leur donne une note, qui leur permet de se classer ISR (investissement socialement responsable). Il existe dans le monde une trentaine de sociétés comme Vigeo (*Le Monde*, 17 juin 2005).

commises qui viennent troubler les équilibres du marché ; si le néolibéralisme ne débouche pas sur la félicité commune, c'est qu'il y a des personnages ou des institutions qui *transgressent* la norme morale régissant le processus d'accumulation des richesses. La finance est l'un des domaines où cet argument trouve ses meilleures applications. Pour calmer les inquiétudes devant un chaos devenu chronique, les analystes financiers mettent en cause le manque de *rigueur* et surtout de *transparence* qui mine la nécessaire *confiance*. La transparence qu'ils préconisent doit être *totale*, grâce à une sorte de panoptique inversé où les actionnaires groupés dans les cellules périphériques surveilleraient en permanence les conseils d'administration siégeant publiquement au centre du dispositif. Ainsi seraient démasqués les dirigeants coupables, tels ceux dont l'appât du gain ou la folie des grandeurs ont conduit, dans l'opacité la plus totale, à la faillite de sociétés comme Alcatel ou Vivendi Universal.

Dans *Et la vertu sauvera le monde*, Frédéric Lordon a montré ce que valent ces explications[1] : le mécanisme premier, celui qui mène aux malversations – évidemment réelles –, est la déréglementation financière avec sa conséquence, le remplacement du capitalisme industriel par le capitalisme financier. Si le premier a duré plus d'un siècle, c'est que les structures financières ne laissaient qu'une place marginale aux marchés boursiers – l'épargne restant pour l'essentiel à l'écart. La déréglementation a entraîné à la fois la volatilité et la brutalité des mouvements financiers. Désormais soumises à l'opinion capricieuse des actionnaires (la *démocratie actionnariale*), les

1 – *Et la vertu sauvera le monde – Après la débâcle financière, le salut par l'« éthique » ?*, Paris, Raisons d'agir Éditions, 2003.

entreprises cotées en Bourse sont obligées, pour survivre, de fournir de leur santé le meilleur bilan possible. « Bien conscients de ces moments à haut risque que constituent les annonces de résultats et de la catastrophe potentielle que représente un *profit warning* dans un univers d'une telle instabilité, certains chefs d'entreprise en sont venus assez logiquement à la conclusion que le maquillage des comptes était une solution dilatoire possible, certainement préférable à l'écroulement général de leur entreprise, de leur pouvoir à sa tête, et de leur fortune personnelle[1]. »

Si la LQR financière dénonce avec une sorte de jubilation les dirigeants qui publient de faux bilans ou partent avec la caisse (Enron, Worldcom), c'est que « les affreux qui se sont fait prendre la main dans le sac [ont] pour tous leurs collègues accrochés à leur fauteuil l'immense avantage de porter sur leurs épaules l'intégralité du poids de la catastrophe. Ah les vilains, les braves gens, les providentielles crapules ! Tout est de leur faute, heureusement qu'ils sont là[2] ».

En attribuant les vices du système politico-financier au manque de vertu des dirigeants, on fait coup double. D'un côté, ceux qui jouent le rôle de censeurs manifestent leur courage et leur indépendance. Il faut de bien mauvais esprits pour faire remarquer que les cibles dangereuses ne sont désignées du doigt que si leur position les empêche de répondre (chef de l'État, président du Conseil constitutionnel ou du Sénat) ou si elles sont déjà à terre. De l'autre, le tournant éthique permet à la LQR de fournir, pour l'essentiel des maux, des explications

1 – *Ibid.*, p. 85. Le *profit warning* est un avis lancé par une entreprise annonçant que ses profits seront inférieurs aux prévisions.

2 – *Ibid.*, p. 65.

tenant à des personnes, les *responsables.* Elle accrédite ainsi l'illusion que la cité unie et pacifiée est à l'horizon du possible, que le consensus communautaire peut être obtenu à condition que les mauvais bergers soient éliminés – lors des prochaines élections par exemple. Montesquieu, l'un des pères de la pensée libérale, l'affirmait déjà il y a deux cent cinquante ans : le principe de la démocratie n'est autre que la vertu.

CONCLUSION

La langue de la Ve République n'a rien en commun avec la langue populaire – l'argot d'autrefois et aujourd'hui le parler codé et moqueur des banlieues. Depuis qu'il y a des rues, on y invente de nouvelles expressions, dont certaines ne durent qu'une saison et d'autres sont si bien trouvées qu'elles finissent dans le dictionnaire de l'Académie. La LQR au contraire ne crée que très peu de mots, qui ne sont jamais utilisés dans la conversation sinon par dérision. Elle n'est pas non plus une langue savante comme celle des astrophysiciens ou des neurochirurgiens : ses notions, ses *concepts* (mot-clé des publicitaires) sont vagues et interchangeables. Au lycée, il y a bien des années, on apprenait que la géométrie était l'art de raisonner juste sur des figures fausses. La LQR est la langue qui dit ou suggère le faux même à partir du vrai. Les exemples ne sont jamais loin : sur la table où j'écris, un numéro du *Monde* (2 août 2005) porte en manchette : « Le gouvernement assouplit le droit du licenciement ». La nouvelle est vraie, puisque les contrats « nouvelles embauches » entreront en vigueur le lendemain. Mais comment ne pas voir tout ce que ce simple verbe, « assouplit », recèle de sous-entendus ? Le nouveau droit du licenciement sera donc *souple*. Adieu les *rigidités* et autres rhumatismes sociaux, bienvenue à la *flexibilité*, à la version mise à jour de la bonne vieille idéologie du patronat français.

Mais la critique de la LQR ne doit pas se limiter à la critique des médias, si justifiée qu'elle soit. Il serait trompeur de les rendre seuls responsables de l'état actuel d'une langue publique dont la diffusion les déborde de toutes parts. Celui/celle qui parcourt le journal dans le métro, qui jette un coup d'œil aux affiches publicitaires dans les stations, qui parcourt distraitement les injonctions de la RATP placardées dans les wagons, qui écoute les annonces (« À la suite d'un arrêt de travail de certaines catégories de personnel… »), qui passe par le supermarché avant de rentrer à la maison, qui ouvre le courrier envoyé par la mairie ou l'école de ses enfants, celui-là absorbe des énoncés et des textes rédigés dans la même langue, avec « les expressions isolées, les tournures, les formes syntaxiques » qui s'imposent, comme disait Klemperer, à des millions d'exemplaires.

Une telle cohérence a de quoi surprendre, vu que les supports de la LQR sont innombrables et que les publics auxquels elle s'adresse sont infiniment variés. Il n'y a pourtant là nul paradoxe. S'il y a cohérence, c'est qu'il y a communauté de formation et d'intérêts chez ceux qui ajustent les facettes de cette langue et en assurent la dissémination. Communauté de formation : les membres des cabinets ministériels, les directeurs commerciaux de l'industrie, qu'elle soit chimique, cinématographique, hôtelière ou autre, les chefs de rubriques des quotidiens ou les responsables de l'information télévisuelle sortent des mêmes écoles de commerce, d'administration ou de sciences politiques, où on leur a appris les mêmes techniques avec les mêmes mots, après leur avoir expliqué qu'ils vont former l'élite de la nation – certitude inculquée aux élèves dès les classes préparatoires dans les grands lycées parisiens. Communauté d'intérêts : du sommet de l'État au dernier des directeurs du marketing, chacun sait que sa place dépend du maintien de la guerre civile sur le territoire français au stade de drôle de guerre. Que la LQR devienne soudain inaudible, et l'on verrait bien ce qui resterait du décor.

Cohérente et mégaphonique, cette langue souffre pourtant d'un lourd handicap : elle ne doit surtout pas apparaître pour ce qu'elle est. L'idéal serait même que son existence en tant que langage global ne soit pas reconnue. Que ses leitmotivs, ses tics, ses répétitions, ses détours restent à l'état de messages infraliminaux et qu'en tout cas leur prolifération ne soit pas perçue comme celle d'un ensemble – même par ceux qui, chacun dans leur coin, œuvrent à cette prolifération. Il s'est créé une langue, et pas n'importe laquelle, mais il ne faut pas que cela se sache, faute de quoi le risque est de voir les consommateurs, les sondés et les usagers réagir comme les habitants de Clayton devant l'entrée du stade où se déroule la parade du Grand Théâtre d'Oklahoma : « Il y avait bien des tas de gens devant l'affiche, mais elle n'avait pas l'air de provoquer grand enthousiasme. Il y a tant d'affiches ! On ne croit plus aux affiches[1]. »

Si les milieux dirigeants, toutes tendances confondues, ont mis tant de hâte à colmater *ensemble* les brèches ouvertes par l'élection présidentielle de 2002 et le référendum constitutionnel de 2005, ce n'est pas tant devant le trouble institutionnel provoqué par ces événements que devant l'énorme raté de la LQR. On en avait fait trop, il aurait fallu le faire oublier au plus vite. Au lieu de quoi, de nouveaux pilonnages sont venus prolonger ceux qui avaient si piteusement échoué. C'est que la langue de

1 – Franz Kafka, *Le Grand Théâtre d'Oklahoma*, dernier chapitre de *L'Amérique*, Paris, Gallimard, coll. La Pléiade, t. I, p. 235.

la domination partage les faiblesses du néolibéralisme qui lui a donné naissance. Régnant sans contrepoids, tenue à ne pas apparaître sous sa vraie nature, diffusée par ceux qu'elle contribue à abrutir, elle ne peut que retomber sans fin dans ses propres plis.

TABLE DES MATIÈRES

Un grand merci à Maria Muhle et à Sabrina Berkane
pour leur vigilante et amicale lecture du manuscrit.